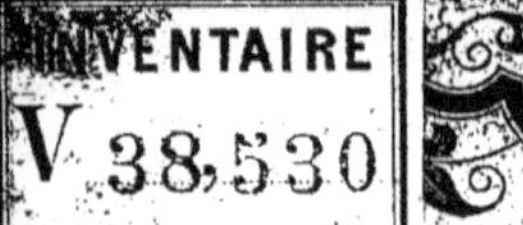

SOCIÉTÉ AGRICOLE ET INDUSTRIELLE

DE

L'ARRONDISSEMENT DE SAINT-ÉTIENNE

(LOIRE).

EXPOSITION

DES

PRODUITS DE L'INDUSTRIE LOCALE

EN 1852-1853.

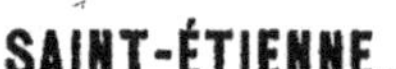

SAINT-ÉTIENNE,

IMPRIMERIE ADMINISTRATIVE ET COMMERCIALE DE THÉOLIER AINÉ,

PLACE DE L'HÔTEL-DE-VILLE.

1854.

SOCIÉTÉ AGRICOLE ET INDUSTRIELLE

DE

L'ARRONDISSEMENT DE SAINT-ÉTIENNE

(LOIRE).

EXPOSITION

DES

PRODUITS DE L'INDUSTRIE LOCALE

EN 1852-1853.

SAINT-ÉTIENNE,

IMPRIMERIE ADMINISTRATIVE ET COMMERCIALE DE THÉOLIER AÎNÉ,

PLACE DE L'HÔTEL-DE-VILLE.

1853.

EXPOSITION

DES PRODUITS DE L'INDUSTRIE LOCALE.

La Société industrielle et agricole se préoccupait depuis longtemps de la fâcheuse situation de la quincaillerie, dont l'ancienne splendeur, comme branche la plus importante de l'industrie stéphanoise, n'était presque plus qu'à l'état de souvenir.

Pénétrée de l'urgence d'arrêter une si triste décadence, la Société, dans sa séance du 6 août 1851, confia le soin à une Commission prise dans son sein, d'étudier les causes du mal, les moyens d'y remédier en donnant un nouvel élan aux travailleurs.

Les consciencieuses recherches de la Commission lui démontrèrent que la décadence de la quincaillerie dans nos contrées, remontait à près d'un siècle, à l'époque où l'Angleterre et l'Allemagne ont adopté, dans la fabrication de la plupart des articles, de nouveaux procédés permettant de produire mieux et à meilleur marché. Pour rappeler chez nous la prospérité de cette industrie, il fallait suivre nos concurrents dans les voies de progrès où ils étaient entrés, créer de grands ateliers, avoir recours aux divers nouveaux mécanismes facilitant et perfectionnant le travail, enfin, il fallait pour atteindre le but, la réunion indispensable de capitaux suffisants.

En l'absence de cette émulation , à défaut de ressources pour la provoquer, la seconder, la Commission a pensé qu'une Exposition publique de tous les produits de la quincaillerie stéphanoise était le seul moyen efficace de stimuler le progrès , de raviver les forces productives locales, et de faire comprendre à la fabrique que de généreux et intelligents efforts pouvaient lui permettre de reprendre son rang , en se mettant à la hauteur de la concurrence.

L'honorable président de la Société , s'associant à la pensée de la Commission , qu'il regardait comme le programme d'une œuvre de régénération , demanda au Gouvernement impérial son appui et son concours.

Son Exc. le Ministre de l'intérieur, dont la sollicitude éclairée s'étend à tout ce qui peut accroître la prospérité nationale, voulut bien, sur la vive recommandation de M. le conseiller d'Etat directeur-général de l'agriculture et du eommerce, tous deux nos compatriotes , accorder une somme de six cents francs et plusieurs médailles.

Une souscription ouverte ensuite dans le pays reçut partout un accueil sympathique; elle atteignit , en peu de jours , un chiffre dépassant les espérances.

La Commission fit alors à la Société , qui y adhéra unanimement, la proposition d'une Exposition générale , à laquelle seraient admis tous les produits se rattachant aux industries diverses de l'arrondissement, en comprenant l'armurerie, comme aussi toutes nouvelles machines ou tout nouvel outillage, destinés à simplifier et perfectionner la fabrication du ruban. Le but de l'Exposition, dès-lors, était non-seulement la régénération de la quincaillerie, mais encore l'impulsion d'un plus grand développement aux autres industries de l'arrondissement.

Dans l'opinion de quelques personnes, l'influence d'une Exposition sur l'industrie locale, devait être pour ainsi dire négative, les progrès possibles n'étaient réalisables que par l'emploi immédiat des machines et la création de grands établissements.

C'était une erreur : sans doute les moyens directs et prompts doivent avoir la préférence, mais il faut être en mesure de les mettre en pratique ; or, comme il y avait impossibilité, c'était maintenir l'inertie ; il était donc nécessaire d'aviser au mode de sortir d'une espèce de torpeur ; ce mode était l'Exposition. L'expérience a démontré ses heureux résultats.

Une amélioration sensible s'est déjà fait remarquer dans la fabrication de quelques produits. Plusieurs industriels établissent dans leurs ateliers de nouvelles méthodes plus expéditives. M. Gonon, passementier, auteur d'un procédé aussi simple qu'ingénieux à l'effet de fabriquer certains tissus, *sans coups perdus*, pour lequel le jury lui a décerné une médaille d'or, a inventé depuis l'Exposition un nouveau procédé. Il s'agit d'un mécanisme à l'aide duquel il confectionne les velours façonnés par trames sur rubans et étoffes de tous genres brochés par navettes ou par plongeurs, avec tous les métiers brocheurs ordinaires, à la main comme à la barre. Les deux inventions de cet habile travailleur, dont le nom marquera dans l'industrie locale, exerceront une grande influence sur l'avenir de la rubannerie.

L'impulsion récente a des précédents, car les encouragements qui furent accordés par le Conseil général de la Loire aux ouvriers armuriers, pendant les années 1818, 1819, 1820 et 1821, ont produit en leur temps les effets les plus avantageux.

L'Exposition de 1852-1853 a excité une noble émulation parmi la population intelligente et ingénieuse de l'arrondissement. Cette émulation sera d'autant plus facile à entretenir que tous les producteurs sentent aujourd'hui le besoin impérieux de lutter contre la concurrence, qui généralise son action de toute part.

Le mouvement progressif ne se rallentit pas; ainsi, depuis l'Exposition universelle de Londres, les Etats voisins de la France, surtout l'Angleterre, fondent de nouvelles institutions d'enseignements industriels et manufacturiers, afin d'atteindre le perfectionnement des produits pour lesquels ils ont reconnu leur infériorité. Il n'en pouvait être autrement à une époque où toutes les idées, tous les intérêts sont spécialement dirigés vers le commerce et l'industrie.

Si l'Angleterre, plus que toute autre nation, réunit à la persévérance, l'esprit d'association, l'abondance des minéraux et du combustible, le bas prix des matières premières, la France possède le sens de l'art, le goût du perfectionnement, le sentiment de l'ornementation et du dessin.

Dans cette lutte de production commerciale et de

fabrication qui s'élève entre les puissances européennes, les industries de l'arrondissement de Saint-Etienne, appelées à y prendre la plus grande part, sont celles qui emploient les minéraux et la houille, au nombre desquelles la quincaillerie a un rang important.

L'armurerie conservera son ancienne réputation; la supériorité de la fabrique de Saint-Etienne sur les fabriques étrangères a été démontrée par les produits exposés qui ont été soumis à des épreuves extraordinaires.

La rubannerie n'a point de rivale et n'en aura probablement point de long-temps, surtout pour la partie des articles de mode. Cette prééminence est incontestée.

Toutefois, dans l'intérêt de ces deux industries, qui font à juste titre la gloire et la prospérité de Saint-Etienne, il serait à désirer que le Gouvernement prît les mesures suivantes :

Interdiction d'exporter les soies teintes à Saint-Etienne et à Lyon, ainsi que les métiers de soierie ;

Interdiction d'introduire en France des armes de la fabrique de Liége portant le nom d'un fabricant français ou l'empreinte de l'épreuve de Saint-Etienne (1). Dans tous les cas, par disposition de sûreté publique,

(1) A diverses époques des fabricants de Liége ont expédié à Saint-Etienne des armes portant l'empreinte de l'épreuve et le nom des arquebusiers de cette dernière ville. Cet abus, contre lequel le commerce réclame depuis long-temps, a le double inconvénient de compromettre la vie des citoyens et de discréditer notre fabrique. Une partie de ces armes n'avait pas été éprouvée.

ces armes, avant d'être livrées au commerce, devraient être soumises à la même épreuve que les armes françaises.

L'empressement des producteurs à s'associer à la pensée de la Société, démontre leur ferme résolution de redoubler d'efforts pour conserver à notre Cité, l'un des centres commerciaux les plus actifs de France, la position distinguée qu'elle occupe dans le monde industriel.

En terminant cet exposé, un regret reste à exprimer : c'est que le peu de temps accordé pour prendre part au concours, n'ait pas permis à diverses branches d'industries, notamment aux grands établissements métallurgiques, à la partie du mécanisme et de l'ornementation, d'y figurer d'une manière complète. Les produits auraient été aussi nombreux que remarquables, et l'Exposition aurait présenté une collection précieuse de tout ce que le génie industriel peut créer. Ce regret est diminué par la conviction que l'arrondissement de Saint-Etienne répondra dignement à l'appel du Gouvernement et prendra le rang lui appartenant dans l'Exposition universelle qui s'ouvrira à Paris le 1er mai 1855, à laquelle toutes les nations sont conviées.

Cet appel, fait au nom de l'honneur national, sera entendu de tous les producteurs français; chacun s'empressera d'apporter le tribut de ses œuvres.

DESCREUX.

COMMISSION DE L'EXPOSITION.

Membres de la Commission chargée de rechercher les causes de la décadence de la quincaillerie de Saint-Etienne, et les moyens de la régénérer :

Président. M. DESCREUX , secrétaire-adjoint de la Chambre de commerce, greffier du Tribunal de police de Saint-Etienne, ancien secrétaire de la mairie de cette ville.

Rapporteur. M. GRANGER Auguste , arbitre de commerce, ancien manufacturier et juge au Tribunal de commerce.

M. DARNAULT , ✳, agent du contentieux de la Compagnie des Fonderies et Forges de la Loire et de l'Ardèche , maire de la commune de Saint-Jean-Bonnefonds, ancien secrétaire de la sous-préfecture de Saint-Etienne.

M. COURBON-HUMBLOT , avoué près le Tribunal de Saint - Etienne, président de la Société des Sciences naturelles et des Arts, président de la Société de Saint - François - Régis , chevalier de l'ordre civil et militaire de Pie IX.

M. JALABERT aîné , fabricant d'armes de commerce, conservateur du musée d'artillerie , syndic de l'épreuve des armes de commerce, ancien président du Conseil des prud'hommes.

M. TIBLIER-VERNE , agriculteur, ancien marchand et conseiller municipal.

RAPPORT

DE LA COMMISSION CHARGÉE DE RECHERCHER

LES CAUSES

DE LA DÉCADENCE DE LA QUINCAILLERIE

A SAINT-ÉTIENNE,

ET LES MOYENS DE LA RÉGÉNÉRER.

—

Messieurs,

Vous avez nommé une Commission chargée de vous présenter un Rapport sur la situation de l'industrie de la quincaillerie à Saint-Etienne. — Signaler les causes de sa décadence, rechercher les moyens de la régénérer, de la rendre florissante, telles sont les questions que votre Commission a discutées et qu'elle a cherché à approfondir.

Nous avons dû jeter un coup-d'œil rapide sur le passé de cette industrie, constater sa situation actuelle, et nous occuper de son avenir.

Je vais essayer, Messieurs, de vous présenter le résultat des investigations de votre Commission, qui m'a fait l'honneur de me charger de son Rapport.

De temps immémorial , on fabrique à Saint-Etienne et dans les environs, un grand nombre d'articles de quincaillerie en fer et en acier; cette industrie , née pour ainsi dire avec la ville, y a grandi avec elle pendant plusieurs siècles.

On y a fabriqué aussi depuis des temps fort reculés des arbalètes et des armes à feu ; les ouvriers ont dû y être attirés par les ressources que cette localité offrait pour les travaux du fer, et peut-être aussi par ce vieux préjugé qui attribue aux eaux du *Furan* des qualités *excellentes pour la trempe de l'acier ;* innocente erreur qui s'est perpétuée de géographie en géographie, jusqu'à nos jours.

Ces deux industries ont éprouvé des fortunes bien diverses; depuis que Saint-Etienne a possédé une manufacture d'armes de guerre , les armes à feu ont été constamment dans de bonnes voies de progrès , parce qu'il s'est formé sous la direction sévère et intelgente des officiers d'artillerie , d'excellents ouvriers , qu'on a accoutumés à travailler avec précision. Les fusils de Saint-Etienne jouissent partout d'une haute réputation, et si les fabriques belges leur ont fait jusqu'à présent une rude concurrence, *pour le prix* seulement , cet état de choses tend à disparaître ; de meilleurs procédés de fabrication ont permis à nos fabricants d'armes de réduire leurs prix, en conservant néanmoins à l'arme , même la plus commune , cette excellente confection et cette solidité qui ont si bien établi partout la supériorité du fusil de Saint-Etienne.

Sans doute, les fabriques de Liége livrent au commerce des fusils et des pistolets à des prix auxquels nos fabricants ne peuvent pas descendre; mais ces armes, destinées surtout à l'exportation, sont d'une qualité déplorable.

Si l'on mettait en regard un fusil de Saint-Etienne et un fusil de Liége *de prix égal,* il arriverait ceci : l'arme liégeoise paraîtrait mieux *parée ;* elle *jouerait le fin ;* ce serait, qu'on nous passe la comparaison, comme une robe de toilette mise sur du linge grossier ; l'arme de Saint-Etienne, moins brillante à la surface, aurait, en l'examinant dans ses détails intérieurs, toutes les parties de son ajustement en rapport avec sa condition.

Constatons, néanmoins, que Saint-Etienne ne livre aujourd'hui au commerce que 37,000 armes de chasse et de luxe, terme moyen, calculé d'après les registres de l'épreuve, et que les fabriques de Liége livrent au commerce français environ 90,000 fusils de chasse, dont les deux tiers restent dans les entrepôts pour être réexportés et le tiers environ est livré à la consommation intérieure. Ces chiffres, relevés sur des documents officiels pour l'année 1849, sont très-approximativement l'expression de la vérité.

Un mémoire adressé au gouvernement en l'an 1765, nous apprend qu'à cette époque nos fabriques confectionnaient environ 70,000 fusils de chasse par an.

L'arme blanche a complètement disparu de nos ateliers. Le même mémoire constate que *le nombre des armes blanches dépassait parfois* 90,000 *par an , dont les deux tiers pour la traite des nègres ,* et qu'en l'année 1734 , la fabrique de Saint-Etienne fournit à l'Etat 80,000 épées dans l'espace de cinq mois seulement.

Dès l'année 1765 , on pressentait généralement à Saint-Etienne le sort qui était réservé à l'armurerie et à la quincaillerie de Saint-Etienne. Nos fabriques de rubans et de passementeries étaient alors à leur début, et l'on était loin de prévoir quel immense avenir leur était réservé.

Le mémoire que nous venons de citer signalait au gouvernement la concurrence des produits allemands et anglais , comme fatale aux progrès de notre quincaillerie ; on estimait alors que les seuls produits anglais importés en France s'élevaient chaque année à plus de 20 millions de francs, et que les produits allemands dépassaient ce chiffre.

M. Carrier du Mollard, entrepreneur de la manufacture d'armes de guerre , auteur de ce mémoire , proposait à l'Etat d'introduire dans la fabrication de la quincaillerie les méthodes anglaises.

Il se chargeait d'établir une grande manufacture, où les travaux s'exécuteraient selon les meilleurs procédés usités à l'étranger. Il réclamait de l'Etat quelques immunités, mais sa proposition ne fut pas prise en considération. On dit même que l'opposition la plus violente vint des commerçants de quincaillerie d'alors, qui considéraient *cette création comme la ruine* de Saint-Etienne.

On ne saurait parler de la vieille quincaillerie de Saint-Etienne, sans prononcer le nom de **M. Guillaud**, qui a laissé de si honorables souvenirs parmi nous. C'est lui qui, le premier, établit à Saint-Etienne la fabrication de divers articles de quincaillerie pour la fourniture des arsenaux, et qui enleva ces fournitures aux maisons qui s'approvisionnaient en articles d'Allemagne.

M. Guillaud était un homme d'une activité prodigieuse, entreprenant, audacieux même, capable d'exécuter les plus vastes projets; de 1790 à 1810, il adressa aux autorités plusieurs mémoires, où il démontrait la nécessité d'employer de nouveaux procédés et les machines usitées à l'étranger; il demandait la création d'un ministère de l'agriculture, du commerce et des manufactures; il sollicitait des droits protecteurs pour les articles qu'il avait introduits ou qu'il se proposait d'introduire à Saint-Etienne, où existaient, disait-il, tous les éléments de succès. — Pour parer aux inconvénients du chômage dans les usines du *Furan*, pendant une partie de l'année, il proposait d'établir de grandes usines sur la Loire: il réclamait quelques franchises de la municipalité, elles lui furent refusées; ses mémoires restèrent enfouis dans les cartons des administrations supérieures, et puis, faut-il le répéter encore, les Stéphanois eux-mêmes accueillirent avec dérision ses écrits et ses projets élevés; on taxait d'utopie, de *folie*, ses idées de progrès; on tournait en ridicule même son caractère privé.

Enfin, après vingt ans d'efforts et de luttes incessantes, M. Guillaud, rebuté par l'indifférence des autorités, l'incurie de l'administration locale et les railleries de ses concitoyens, quitta les affaires et alla habiter Lyon, où il appliqua son activité à créer sur les bords de la Saône, *l'hermitage du Mont-d'Or*, plus connu sous le nom de *la folie Guillaud*.

Comprendra-t-on enfin à Saint-Etienne, que sans les railleries et les dénigrements dont M. Guillaud a été l'objet, il aurait employé le capital considérable qu'il a enfoui sur les coteaux de la Saône, à créer une grande manufacture, de vastes et puissantes usines, à régénérer à Saint-Etienne cette industrie de la quincaillerie, qui maintenant languit et se meurt?

Jusques vers la fin du 18e siècle, notre quincaillerie trouvait quelques débouchés à l'extérieur; nos colonies recevaient tous les articles employés aux constructions, à l'agriculture, des limes, des scies et des outils; les arsenaux de la marine donnaient aussi quelque activité à nos fabriques.

Alors Saint-Etienne était une petite ville bien enfumée et bien noire, mal bâtie et malpropre, possédant beaucoup de cabarets et pas une promenade; ne pouvant s'agrandir, parce qu'elle était cernée de toutes parts par des couvents ou des biens de moines; en ce temps-là, un carrosse à quatre places partait pour Lyon deux fois par semaine: on déjeûnait à Saint-Chamond, on dînait à Bellevue et l'on couchait quelquefois en route.

Alors les fabricants de Saint-Etienne suivaient imperturbablement l'ornière qui leur était tracée ; les préjugés et les routines se perpétuaient d'âge en âge. Aussi, jusqu'à cette époque, la quincaillerie n'avait pas fait un seul progrès ; et pourtant nulle part, la nature n'avait jeté avec autant de profusion tous les éléments qui pouvaient la faire prospérer et accroître son développement.

Pourquoi cette industrie, presque inhérente au sol, n'a-t-elle pas suivi l'impulsion vigoureuse qui a été imprimée en France à tous les genres de production ? Non-seulement elle est restée stationnaire, mais le chiffre de ses produits diminue tous les jours. Encore quelques années de décadence, et l'on se souviendra à peine qu'il existait des fabriques de quincaillerie à Saint-Etienne.

Le nombre des ouvriers exerçant cette industrie a diminué ; et cette classe qui, pendant long-temps, a vécu dans l'aisance, aujourd'hui manque souvent de travail.

Nous allons, Messieurs, vous signaler les principales causes qui ont amené ce résultat déplorable.

Il n'existe pas à Saint-Etienne de grands ateliers ou manufactures de quincaillerie ; la fabrication est entre les mains d'ouvriers livrés à eux-mêmes, qui travaillent pour leur propre compte, et vendent leurs produits à des marchands de la ville, qui en font le commerce. Cette manière de faire est exclusive de tout progrès : le marchand n'entre pas dans les détails de la fabrication ; son rôle se borne à faire ses achats à bas prix : l'ouvrier, qui vit au jour le jour, n'a pas le temps de faire des essais, ni les fonds nécessaires pour se créer des outils perfectionnés ou des machines expéditives qui, en simplifiant le travail, lui permettraient de produire davantage et à meilleur marché.

Autrefois, les ouvriers et les marchands quincailliers de Saint-Etienne n'avaient pas à redouter la concurrence des autres fabriques du nord de la France, où régnait le même système de fabrication. Aujourd'hui les choses sont changées : ces fabriques ont suivi le progrès, et les nôtres sont restées en arrière.

Ce serait une injustice d'accuser de cette inertie toute la fabrique sans exception; des essais ont été tentés ; quelques hommes , dont on n'a pas, peut-être, assez apprécié les efforts, se sont dévoués à cette œuvre de régénération. Mais, faut-il l'avouer? presque tous ces essais ont été accueillis par des prédictions sinistres , par des dénigrements aveugles ou intéressés. Ces établissements, montés sur une petite échelle, livrés à leurs propres ressources, manquant tout à a fois de crédit et d'encouragements , d'appui matériel et d'appui moral, ont périclité et ont été abandonnés.

Presque généralement aucun marchand quincailler de Saint-Etienne n'a voulu sortir de son rôle passif de commissionnaire , et il n'a pas été possible à l'ouvrier qui , en réalité, est chez nous le véritable fabricant, d'entrer dans la voie du progrès par la création de mécaniques et de machines dispendieuses; d'ailleurs nos ouvriers n'ont pas eu les moyens d'acquérir,

en ce qui concerne les travaux du fer, même les no-
tions élémentaires des bonnes théories de leur art.
— Devons-nous ajouter que le plus grand nombre
parmi eux ne sait ni lire ni écrire?

Le préjugé, qui a repoussé de nos ateliers de quincaillerie l'emploi des machines expéditives , a produit les conséquences les plus désastreuses, parce que
nous n'avons pu suivre la concurrence des fabriques
qui les employaient. En voici deux exemples péremp-
toires :

Il existait anciennement à Saint-Etienne 5 à 600
ouvriers qui faisaient des *fourchettes*. Quelques années
après qu'ils eurent détruit la machine que Sauvade
avait établie à la Valette , pour accélérer la fabrication
de cet article, leur nombre diminua progressivement;
aujourd'hui ce produit est totalement perdu pour
Saint-Etienne , et les fabriques des Vosges , qui s'en
sont emparées, en livrent au commerce extérieur et à
l'exportation pour plus de trois millions par an. La
fourchette est établie dans les Vosges, par les procédés
indiqués par Sauvade ; elle est bien faite et *fort propre;* on a déjà oublié le vilain nom qu'on donnait à
celle de Saint-Etienne.

On raconte qu'un colporteur lorrain, qui venait à
Saint-Etienne , pour acheter des couteaux communs,
et de ces fourchettes au *vilain nom ,* acheta comme
vieux fers quelques débris de l'atelier qu'on avait
détruit et pillé , et l'on assure que ce colporteur, ou
plutôt les outils qu'il acheta , ont été la cause de l'ex-

tension que l'industrie des fourchettes a prise dans les Vosges.

Disons-le donc bien haut , afin que ceci soit entendu et reste comme un enseignement pour l'avenir, le funeste égarement qui a présidé à la destruction de cette machine , a privé Saint-Etienne d'une branche de produits qui occupe ailleurs des milliers de bras ; il a étouffé à sa naissance le germe qui aurait fécondé chez nous la production de la quincaillerie ; l'exemple de Sauvade aurait trouvé des imitateurs , cet homme ingénieux aurait lui-même créé ou perfectionné de nouveaux articles, et son modeste atelier serait devenu une grande et importante manufacture (1).

La fabrication de la *vis à bois* occupait autrefois, à Saint-Etienne, 8 à 900 ouvriers. Depuis l'invention de la machine *Japy*, cet article a disparu de nos ateliers. Si Japy eût établi son usine à Saint-Etienne , peut-être aurait-il éprouvé alors le sort de Sauvade. Aujourd'hui les seules manufactures de Beaucourt , de Grandvillars et de Plancher-les-Mines , emploient plus de cinq mille ouvriers ; et la vis à bois , qui s'y fait avec une rare perfection, est préférée, sur tous les marchés du monde , aux meilleurs produits en ce genre , d'Angleterre et d'Allemagne.

(1) Après l'événement dont Sauvade faillit devenir lui-même la victime , il a borné son ambition à fabriquer, par des procédés fort ingénieux, et à des prix inimaginables , ces rosettes qu'on applique à ces fameux petits couteaux de *deux liards* , qui sont une des gloires de l'industrie stéphanoise.

Lorsque, en 1831, les ouvriers canonniers détruisirent la machine qui avait servi à faire des essais pour établir les canons de fusil au laminoir, il est permis de penser qu'ils ont cédé aux suggestions de ces gens qui, alors, exploitaient le désordre et l'émeute dans un but purement politique.

L'idée de cette machine, qui avait un but tout de circonstance, et qui fut détruite au moment même où elle commençait ses essais, aurait été perfectionnée; elle aurait pu avoir une grande influence sur le progrès de l'armurerie. — Il s'est passé dans ce malheureux événement un fait qui prouve combien il est facile d'égarer les masses : on a vu grand nombre d'ouvriers, travaillant sur les autres parties de l'arme à feu, aider ou applaudir à l'œuvre de destruction. Ils devaient raisonner différemment : une création double ou quadruple de canons, aurait exigé l'emploi de deux ou quatre fois plus des autres pièces qui composent le fusil, et par conséquent plus de travail pour eux.

Voici une autre cause qui a nui au progrès de la quincaillerie à Saint-Etienne :

Vers le milieu du siècle passé, quelques ouvriers suisses vinrent s'établir chez nous, et importèrent le métier dit *à la Zurichoise*, pour la fabrication des rubans. On a vu avec quelle rapidité ce germe, jeté par le hasard, sur un sol qui paraissait si peu propre à son développement, y a jeté de profondes racines.

Cette industrie, qui a su se créer un débouché dans tout le monde connu, et qui n'a pas de rivale encore, est venue s'emparer de tout l'essor imprimé aux idées industrielles ; de toute l'élite de notre population, à laquelle elle offrait des salaires plus élevés, des travaux moins pénibles, l'attrait de créations, pour ainsi dire artistiques, et souvent les chances d'une grande fortune. Elle a, jusqu'à présent, accaparé tous les capitaux et toutes les intelligences.

Aujourd'hui même, elle a tendance à comprimer le développement que pourraient prendre les ateliers de forge, en les tenaut à distance, pour éviter leur fumée, qui serait si nuisible à la fraîcheur du ruban et à l'éclat de ses couleurs. Qu'on ne se méprenne pas sur nos intentions : ce n'est point une accusation contre cette belle industrie, qui a porté si rapidement Saint-Etienne au premier rang des villes industrielles, qui a triplé sa population et centuplé ses richesses. Heureusement ces deux industries sont sœurs et ne sont pas rivales.

Nous avons dit que l'organisation de la production de la quincaillerie à Saint-Etienne avait une base vicieuse et exclusive du progrès; le débouché de nos produits repose sur des fondements plus vicieux encore.

Avant d'arriver dans l'atelier de l'ouvrier, la matière première, le fer, a passé dans plusieurs mains qui l'ont grevé d'un bénéfice ; l'ouvrier vend son ouvrage au marchand-quincailler, en sorte que nos produits parviennent au lieu de leur consommation après avoir subi tous les bénéfices intermédiaires.

Les grands établissements qui nous font concurrence achètent leurs matières premières de première main ; ils prennent eux-mêmes leurs produits au commerce ou créent des dépôts dans les grands centres de consommation. C'est un notable avantage qu'ils ont sur nous, et cet avantage n'est pas le seul : tout l'ensemble de leur fabrication est réuni dans la même enceinte ; leur surveillance est facile, l'unité règne dans leur administration ; leurs produits sont uniformes, réguliers et corrects ; ils obtiennent surtout une grande économie de temps dans toutes leurs opérations de manutention ; le temps ! chose si précieuse, que Franklin l'a défini l'*étoffe dont la vie est faite !*

Chez nous, la main de l'homme crée tout ou presque tout, et chaque objet produit par une main différente porte le cachet de l'individualité de l'ouvrier qui l'a confectionné et de son plus ou moins d'aptitude.

Chez nos concurrents, la machine seule est intelligente et produit avec une uniformité, une précision, une vitesse que la main de l'homme ne saurait atteindre.

Le marchand-quincailler à Saint-Etienne n'a vu le progrès que dans la baisse immodérée du prix des produits fabriqués ; et lorsque, dans ses placements, il a rencontré des obstacles suscités par la concurrence, il a cru résoudre la question en baissant le prix à l'ouvrier ; qu'en est-il résulté ? l'ouvrier a fait plus vite, mais il a fait plus mal ; il a, pour nous servir de son expression , *abâtardi l'article* , et ç'a été pour le commettant une raison de plus pour cesser d'employer l'article de Saint-Etienne. — Sans doute, pour soutenir la concurrence, il ne faut pas vendre plus cher, mais il faut faire aussi bien. Or, le quincailler, en demandant une réduction de prix à l'ouvrier, lui a demandé plus qu'il ne pouvait faire, parce qu'il n'est pas placé dans les mêmes conditions de production.

On a souvent apporté des modèles d'articles fabriqués ailleurs par des procédés économiques, et l'on exigeait de nos ouvriers qu'ils livrassent ces articles aux mêmes prix. C'était fort déraisonnable ; il fallait, avant tout , leur expliquer comment on avait opéré ailleurs, et les mettre à même d'en faire autant.

Ajoutons que le défaut d'outillage chez nos ouvriers, résultat du manque de ressources, est une des principales causes de la décadence de la quincaillerie, d'où il suit que cette industrie ne se relèvera efficacement que lorsque , en petit ou en grand , la réunion des ressources permettra la mise en pratique d'un outillage suffisant.

On peut non-seulement régénérer la quincaillerie à Saint-Etienne et récupérer les nombreux articles qui ont été enlevés , mais y créer de nouveaux produits en fer et en acier, qui ne sont encore établis que dans les fabriques du nord de la France.

Saint-Etienne pourrait lutter avec avantage contre

ces fabriques, puisqu'il leur fournit le combustible et la majeure partie des aciers qu'elles emploient.

L'acier fondu est destiné à être employé désormais dans de plus larges proportions , pour la confection des limes , des faux , des scies, des outils, de la coutellerie, de la taillanderie et autres articles que Saint-Etienne est à la portée de fabriquer avec succès. Nos aciéries sont en mesure de livrer des aciers fondus aussi parfaits que les aciers fondus anglais ; la routine seule attribue à ces derniers une supériorité qui , depuis long-temps, n'existe plus.

Nulle part on ne saurait trouver une localité plus propice à la production en grand de la quincaillerie et des armes , à la création de vastes ateliers de fonderies et des machines. Saint-Etienne réunit tout ce qui pourrait assurer à ces établissements les meilleures conditions d'existence et de succès. — Situé au centre du plus riche bassin houiller de France, placé sur un chemin de fer qui unit le Rhône à la Loire, environné de forges et d'aciéries, il possède, de plus, une population toute façonnée aux travaux pénibles du fer et de l'acier, des ouvriers tout prêts à recevoir l'impulsion de qui saurait les mettre à l'œuvre ; maintenant qu'ils sont avertis par la sévère leçon de l'expérience, ils accueilleraient avec joie la création de nouveaux établissements et l'introduction de machines expéditives, parce que c'est pour cette industrie une question *d'être* ou de *n'être pas.*

Parmi le petit nombre d'articles de la vieille quincaillerie de Saint-Etienne qui ont reçu des perfectionnements , on peut citer les boulons à écrou , les vis à lit, la targette et quelques genres de fiches et de serrures ; ces objets se font chez nous aussi bien et à meilleur marché que dans les autres fabriques de France ; mais on a obtenu ce résultat précisément parce qu'on est sorti de la routine , parce qu'on a établi dans les ateliers la division du travail, et qu'on a accéléré la fabrication par l'emploi de moyens mécaniques.

Depuis que ce mode de fabrication a été appliqué aux articles que nous venons de citer, il se crée tous les jours de nouveaux ateliers en ce genre, et ils emploient beaucoup plus d'ouvriers qu'autrefois. — On appliquerait avec un égal succès les mêmes procédés à tous les autres articles de la quincaillerie ; et s'il était utile de prouver que les machines n'enlèvent pas le travail aux bras , on mettrait ce fait en ligne de preuves. Cette question , qui a divisé longtemps les économistes, a été résolue par l'expérience.

L'industrie , telle qu'on l'exerce maintenant pour presque tous les genres de production, est une affaire de grands capitaux et de vastes établissements. Les Anglais produisent ainsi, et cette tendance commence à se manifester en France ; mais il est utile de faire une distinction entre les articles de quincaillerie qui se fabriquent à Saint-Etienne ou ceux qui seraient susceptibles d'y être introduits : ils se divisent en deux classes.

L'une, qui réclame un grand déploiement d'appareils, de vastes constructions, de puissantes machines, des capitaux considérables ; ainsi la fabrication du fer et de l'acier, l'établissement des faux , des scies , des machines, etc. , exigent impérieusement l'emploi de moteurs hydrauliques ou à la vapeur, et de grands moyens d'action qu'on ne saurait diviser ; en un mot , une manufacture.

L'autre classe se compose d'articles d'une fabrication minutieuse et compliquée dans ses détails. Ces sortes de produits , et ils sont très-nombreux à Saint-Etienne, peuvent s'établir très-convenablement dans de petits ateliers , pourvu toutefois qu'ils réunissent chacun une spécialité tout entière , et qu'on y introduise , dans la limite de leur sphère d'action , une bonne division dans le travail et l'emploi de procédés expéditifs. Ce mode de fabrication est d'ailleurs très-favorable à l'indépendance de l'ouvrier laborieux et intelligent.

Il ne faut pas croire que les grandes manufactures, que les grands établissements ont tous été créés par de grands capitaux à leur origine. — C'est un fait digne de remarque que parmi les grandes entreprises industrielles qu'on a voulu créer pour ainsi dire d'un seul jet , un grand nombre a périclité, tandis que la plupart de nos puissantes manufactures ont eu pour berceau de modestes ateliers.

Portons nos regards autour de nous ; interrogeons cette foule d'hommes honorables qui, à Saint-Etienne peut-être plus que partout ailleurs , sont arrivés à la fortune par le travail , presque tous vous diront que l'intelligence a été leur premier et quelquefois leur seul capital.

A toutes les causes déjà indiquées qui ont frappé de langueur ou d'impuissance nos fabriques de *quincaillerie*, il faut ajouter encore le prix élevé du fer et du combustible fossile, ces deux agents qui sont la base de toutes les industries et plus spécialement de la production de la quincaillerie.

Notre tâche serait immense si nous devions donner à cette question tous les développements dont elle serait susceptible. Nous n'avons pas ici à soutenir une thèse sur le *libre-échange* ou la *protection*. Nous nous bornons à vous signaler ce fait, parce qu'il est irrécusablement vrai à l'endroit de la question qui nous occupe.

Amener une transaction entre les *libre-échangistes* et les *protectionnistes*, nous paraît impossible, tant est grande l'exagération réciproque de ces deux écoles; il faudrait l'épée d'un autre Alexandre pour trancher cet autre nœud gordien.

Ici, Messieurs, commence la partie la plus difficile de la tâche que vous nous avez imposée; elle a été l'objet de nos plus minutieuses investigations. — Indiquer quels sont les moyens à employer pour régénérer la production de la quincaillerie dans la sphère industrielle de Saint-Etienne, et y développer tous les éléments de succès que la nature nous a départis.

— Nous avons divisé la solution de cette question en trois parties.

L'action du gouvernement ;

L'action de la municipalité, de la Chambre de commerce et de la Société industrielle ;

Le concours individuel ou collectif des industriels et des capitalistes.

L'action du gouvernement :

Elle comprend les traités de commerce, la création de débouchés à l'extérieur, les tarifs de douane, les primes à l'exportation, les primes d'encouragement et les récompenses, la fondation d'écoles spéciales, l'abolition des monopoles qui gênent, compriment ou tuent les industries; la création des moyens rapides et économiques de transport, etc.

Nous ne pouvons donner à cette discussion tous les développements qu'elle comporte : nous allons rechercher sommairement les points de contact qu'elle a avec la question qui nous occupe, et nous vous présenterons les aperçus suivants :

On pense généralement que les fabricants français de quincaillerie doivent renoncer à présenter leurs produits sur les marchés étrangers en concurrence avec les produits similaires anglais ou allemands; quant à présent, ce fait est vrai, à quelques rares exceptions près, pour la quincaillerie de Saint-Etienne, et même assez généralement pour tous les produits métallurgiques de France.

Mais n'avons-nous pas à constater quelques progrès réalisés par nos manufactures françaises ?

Il y a quelques années à peine, notre commerce s'approvisionnait à l'étranger d'un grand nombre d'articles en fer et en acier, malgré les droits de douane considérables dont ils étaient grevés.

Le Mémoire de 1765 que nous avons cité, estimait à environ 20 millions de francs les importations en France par les Anglais, et à plus de 20 millions les importations par les Allemands, de ces mêmes produits.

Cet état de choses n'existe plus : nos fabriques alimentent maintenant presque exclusivement notre propre marché, et les tarifs de douane qui, jadis, ne protégeaient pas toujours notre production indigène, pourraient maintenant être considérablement réduits sans danger pour nos producteurs.

L'obstacle qui s'oppose à l'exportation de nos produits métallurgiques, des outils tranchants, des limes, des scies, des faux, de la serrurerie, de la coutellerie, des outils de menuisiers, de cordonniers, de maréchaux, etc., etc., ne gît plus, comme autrefois, dans leur qualité inférieure et leur mauvaise confection, non certes. Nos fabriques françaises de quincaillerie, excepté celle de Saint-Etienne, et nous avons dit pourquoi, donnent des produits aussi bons, aussi corrects que les meilleurs articles anglais ou allemands ; le préjugé seul attribue encore à ces derniers une supériorité qui n'existe plus. — La seule différence qui nous sépare est dans le prix de revient, et nous l'avons déjà dit , la cause de cette différence est dans le prix élevé de nos matières premières , le fer et la houille.

Tant que nos fabriques de quincaillerie n'auront pas la perspective d'exporter leurs produits, ce serait une faute de les surexciter à augmenter leur fabrication, car la consommation intérieure ne répond déjà plus à leur production actuelle.

L'action du gouvernement dans la question qui nous occupe réside donc dans l'ensemble des mesures à adopter, pour améliorer notre législation douanière, pour nous ouvrir des débouchés à l'extérieur ; créer de grands travaux publics, compléter promptement les voies de transport rapides et économiques, exiger que tous les approvisionnements de nos arsenaux, des grands ateliers de l'Etat , de l'Algérie , de nos colonies, soient exclusivement faits en articles de production française, encourager, récompenser, subventionner même au besoin les établissements utiles ; détruire les monopoles , réprimer et punir les coalitions , ces coalitions qui , sous les noms menteurs de *fusion* , d'*association*, ne sont que des leurres pour maintenir des positions privilégiées et écraser des concurrences.

Vous vous souvenez, Messieurs, qu'en 1818, 1819, 1820 et 1821 , le Conseil général de la Loire vota des fonds pour accorder des primes d'encouragement aux ouvriers armuriers ; on ouvrit un concours pour le canon de fusil, la platine , la monture , la sculpture sur bois, la gravure sur fer ; quelques-unes des pièces qui furent couronnées sont encore dans notre musée ; le rapport du jury d'examen constate que ce concours a fait faire des progrès remarquables à la fabrication de l'arme de chasse.

Notre Société n'existait pas alors ; elle a essayé depuis d'ouvrir un pareil concours pour les armes et pour quelques articles de quincaillerie ; le procès-verbal de notre séance du 11 janvier 1847, constate que, pour parvenir à ce but, le Conseil municipal serait invité à voter des fonds, et qu'une souscription volontaire serait ouverte, pour augmenter la somme des prix à décerner. — La Société était présidée alors par ce digne et brave général de Perron, de glorieuse et regrettable mémoire ; il s'inscrivit en tête de la liste avec MM. de Ladoucette, alors sous-préfet de Saint-Etienne, Hyp[te] Royet, Camille de Rochetaillée, André Neyron, de Bouchaud et d'autres encore ; par suite d'un malentendu, le concours réclamé de la municipalité fit alors défaut au zèle de la Société.

Le moment est venu de faire un nouvel appel, tout-à-la-fois au Gouvernement, au Conseil général du département, au Conseil municipal, et d'ouvrir de nouvelles listes de souscriptions qui seront présentées aux notabilités financières, industrielles et commerciales de notre arrondissement.

D'après les détails que nous a donnés notre honorable président, M. Bayon, nous avons l'espoir et nous croyons avoir la certitude que notre éminent compatriote, M. Heurtier, directeur-général de l'agriculture et du commerce, qui connaît la situation fàcheuse où se trouve la quincaillerie, nous donnera, dans cette circonstance, une nouvelle preuve de son dévouement à sa ville natale (1).

Nous réclamons aussi le concours de la Chambre de commerce avec son initiative et son appui; la Société marchera avec elle pour accomplir l'œuvre de patriotisme et de régénération que nous voulons atteindre.

Suivons l'exemple de la Société industrielle de Mulhouse qui doit être prise pour modèle par toutes les Sociétés de France ; cette Société, la première entre toutes, poursuit son œuvre d'enseignement et d'expansion des choses utiles avec une persévérance et un talent admirables ; le zèle intelligent, les vues élevées de ses nombreuses notabilités, ont fait de Mulhouse, naguère village, la capitale de l'Alsace industrielle. Là, des récompenses, des subventions sont accordées tous les ans, à des mécaniciens, à des chefs d'ateliers, à de simples ouvriers, qui, par des procédés reconnus utiles, ont rendu des services à l'industrie ; elle décerne des médailles et des mentions aux chefs d'établissements. Quiconque importe à Mulhouse une industrie nouvelle, reçoit de la Société une

(1) M. Heurtier, qui apprécie tout l'intérêt qui s'attache à l'œuvre de régénération de la quincaillerie dans l'arrondissement de Saint-Etienne, et qui sait combien le gouvernement tient à encourager tout ce qui peut faire prospérer l'industrie, est allé au-devant des vœux de la Société, et vient de mettre à sa disposition une somme de 600 fr. et des médailles.

médaille d'or ! Là , le capital n'a jamais manqué à l'idée ; là, existe une caisse de secours qui subvient aux besoins de la famille de l'ouvrier malade ou malheureux, une secours de retraite pour le travailleur quand l'âge lui impose le repos, etc., etc.

L'exiguité des ressources dont notre Société dispose ne lui permet pas de prendre une pareille initiative, et pourtant, Messieurs, tous les grands centres industriels devraient créer les fondations qui existent à Mulhouse. L'inventeur d'un procédé, le créateur d'une machine , l'artiste en industrie , passez-moi ce mot , fait ordinairement assez bien les affaires des autres, mais généralement il sait faire assez mal les siennes. Il faut donc venir au secours de ces hommes , que leur nature même condamne trop souvent à la gêne et quelquefois à la misère. Ce serait une triste nomenclature à faire que celle des hommes qui ont enrichi leur pays et qui sont morts à l'hôpital.

Votre Commission , Messieurs , croit devoir vous proposer, comme le seul moyen actuel d'atteindre le but que vous vous êtes proposé, en l'absence de l'outillage suffisant et des capitaux pour l'obtenir, de décider qu'il serait fait une Exposition générale de tous les produits fabriqués qui rentrent dans la catégorie de la quincaillerie et des armes. — Le simple ouvrier sera convié à y apporter son œuvre, le plus modeste produit y sera bien accueilli ; la récompense sera accordée, non pas au produit fastueux, au chef-d'œuvre isolé , créé pour le besoin de la cause, mais au produit utile, qui constatera un progrès soit dans le prix de revient, soit dans la qualité, soit dans le mode de fabrication. — Chaque déposant devra indiquer le *prix marchand* de l'objet exposé ; ce sera de sa part l'engagement moral de livrer au commerce le même échantillon au même prix. — Une somme spéciale sera affectée à l'acquisition des objets que le jury d'examen croira devoir choisir, et ces objets seront déposés au Musée industriel de Saint-Etienne, avec le nom du fabricant qui aura obtenu cette distinction. — Des médailles de diverses natures et des mentions honorables seront décernées sur le rapport du jury d'examen, qui pourra même, dans des cas déterminés, proposer d'accorder des primes en numéraire. — Tout exposant qui déposera un article qui n'a jamais été fabriqué à Saint-Etienne, aura par ce seul fait droit à une récompense. — Tout article déposé par celui qui l'aurait *acheté,* sera écarté du concours, la récompense ne devant être accordée qu'au producteur réel, ouvrier ou chef d'atelier.— Le Rapport du jury d'examen sera imprimé et distribué à tous ceux qui seront nommés. — Une Commission sera chargée de rédiger les clauses et conditions du programme.

Est-il besoin, Messieurs, de démontrer l'influence salutaire que peut avoir sur les progrès de notre industrie en souffrance la distribution des primes d'encouragement et de médailles ; tout le monde la comprend ; elle excite l'émulation, elle fait germer, elle fait éclore l'idée ; ce n'est certes pas l'appât d'une minime somme d'argent qui stimulera l'homme intelligent à apporter son œuvre au concours, mais la noble ambition d'être mis en relief et de recevoir une distinction.

Un prix, une médaille d'honneur, c'est le grain de blé qu'on confie à la terre, qui commence par produire un épi ; cet épi en donnera bientôt vingt, qui, reproduits à leur tour, ne tarderont pas à couvrir un champ tout entier. Tel est le progrès.

Occupons-nous enfin de l'industrie de la quincaillerie et des armes qui sont de la branche aînée de notre vieux Saint-Etienne. — Allons, Messieurs les millionnaires des rubans, vous qui êtes de la branche cadette, aidez-nous à doter vos sœurs ; on vous calomnie sans doute, mais on prétend que vous les méprisez comme des parents pauvres. Soyez bons et généreux pour elles, et nous vous promettons qu'elles dévoreront leur fumée qui excite toute votre colère ; notre savant collègue, M. Janicot, leur en fournira les moyens. Mais ne serait-il pas juste que vous fissiez les frais des appareils ? Si la plus modeste petite machine à faire des clous venait à s'établir près de vous, vous la feriez bien vite déloger ; il est vrai que les cheminées de vos cylindres, de vos apprêts, donnent dix fois plus de fumée, mais vous les tolérez ; elles appartiennent à la branche cadette ; il faut bien avoir quelques égards pour des parents un peu huppés.

Nous vous prévenons donc que nous vous présenterons nos listes de souscriptions ; votre intérêt, aussi bien que votre devoir, vous obligera à y mettre votre nom, et un chiffre en rapport avec la valeur financière de ce nom. En ajoutant vos souscriptions aux secours, qui nous sont promis par la ville et l'Etat, nous parviendrons à arrondir une somme qui nous fournira assez de médailles d'or et d'argent pour récompenser les efforts que vont faire nos braves ouvriers, auxquels vous devez bien quelque chose. Car, songez-y, ce sont bien nos mécaniciens, nos forgerons, nos limeurs, qui construisent vos métiers; c'est à leur génie inventif que vous devez ces battants qui vous ont fait exécuter des chefs-d'œuvre, qui vous ont assuré cette incontestable suprématie que les fiers Anglais, que les tenaces Allemands, ne songent même pas à vous disputer.

C'est de cette classe que sont sortis tous les artistes, peintres, graveurs, sculpteurs, dessinateurs, qui sont tous les enfants de notre vieux Saint-Etienne, et qui prouvent l'aptitude de nos compatriotes aux travaux artistiques.

Le catalogue des brevets d'invention prouve aussi leur aptitude aux choses industrielles. Après Paris, Saint-Etienne est peut-être la ville qui a obtenu le plus de brevets, et vous ne sauriez l'oublier, vous, fabricants de rubans, puisque le plus grand nombre de ces brevets ont contribué à augmenter la splendeur de vos fabriques et le chiffre de vos inventaires.

Le Rapporteur de la Commission,

AUGUSTE **GRANGER.**

PROGRAMME DES PRIX

PROPOSÉS

PAR LA SOCIÉTÉ INDUSTRIELLE ET AGRICOLE
DE L'ARRONDISSEMENT DE SAINT-ÉTIENNE.

—

Sur la proposition de la Commission chargée de rechercher les causes de la décadence de la quincaillerie à Saint-Etienne et les moyens de la régénérer, la Société a décidé, dans sa séance du 26 juillet 1852, qu'une Exposition générale de tous les produits fabriqués dans *l'arrondissement de Saint-Etienne* et dans le canton de Saint-Bonnet-le-Château, dont la presque totalité des articles sont livrés au commerce de cette ville, aurait lieu du 7 au 22 novembre prochain ; en conséquence, elle a arrêté le programme suivant :

Art. 1er. — Seront admis au concours :

1° Tous les produits qui rentrent dans la catégorie de la quincaillerie et de l'armurerie ;

2° Les produits les plus modestes, pourvu qu'ils constatent un progrès soit dans le prix de revient, soit dans la qualité, soit dans le mode de fabrication ;

3° Toute nouvelle machine ou tout nouvel outillage destiné à simplifier, faciliter et perfectionner la fabrication des rubans, et en général, de tous les produits qui se rattachent aux diverses industries exercées dans l'arrondissement.

Art. 2. — L'exposant qui déposera un article qui n'a jamais été fabriqué à Saint-Etienne, aura par ce seul fait droit à une récompense.

Art. 3. — Tout article déposé par celui qui l'aurait acheté , sera écarté du concours , la récompense ne devant être accordée qu'au producteur ou chef-d'atelier.

Art. 4. — Chaque déposant devra indiquer le prix marchand des objets exposés ; ce sera de sa part l'engagement moral de livrer au commerce les mêmes produits au prix qu'il aura coté.

Art. 5. — La Société aura la faculté de faire l'achat que le Jury croira devoir choisir, et ce, aux prix indiqués par les exposants. Les produits dont la valeur sera au-dessous de 5 fr. et auront motivé une récompense ou seulement une mention honorable, resteront acquis à la Société, pour être , les uns et les autres déposés au musée industriel à l'hôtel-de-ville.

Art. 6. — Tous les objets destinés à l'Exposition devront être déposés à l'hôtel-de-ville le 25 octobre , terme de rigueur. Chaque objet déposé sera accompagné du nom du fabricant, d'une notice succincte sur l'importance de sa fabrique , l'époque de sa création et la manière dont le produit est confectionné , c'est-à-dire, à la main ou à l'aide de machines ou de nouveaux procédés.

COMPOSITION DU JURY.

—

Dans le but de faciliter l'examen des produits divers
qui ont été exposés, et de bien apprécier leur mérite,
le Jury s'est divisé en cinq sections, composées
comme il suit :

PREMIÈRE SECTION.

QUINCAILLERIE.

PREMIÈRE DIVISION.

**Outils tranchants et d'agriculture. — Outils divers
et Coutellerie.**

Président.   TOULZA, marchand-quincailler, membre de la Cham
bre de commerce.

Rapporteur. GRANGER Auguste, arbitre de commerce, ancien
manufacturier et juge au Tribunal de commerce,
membre de la Société industrielle.

MONTAGNIER, propriétaire - agriculteur, membre de
la Société industrielle.

POIDEBARD, ancien commerçant, membre de la Société industrielle.

COSTE Philippe, chef d'atelier, menuisier.

DEUXIÈME DIVISION.

Ferronnerie et Ferrures de bâtiments.

Président.   GRANGER Auguste.

Rapporteur. DARNAULT, ❋, agent du contentieux de la Compagnie des Fonderies et Forges de la Loire et de l'Ardèche, maire de la commune de Saint-Jean-Bonnefonds, ancien secrétaire de la sous préfecture de Saint-Etienne, membre de la Société.

BIZAILLON-HAUTMANN, marchand-quincailler.

OUDET-TILLON, mécanicien.

BOISSON, architecte de la ville de Saint-Etienne.

DEUXIÈME SECTION.

ARMURERIE.

Président. MASCLET, O. ❋, lieutenant-colonel d'artillerie, directeur de la Manufacture impériale d'armes de guerre, membre de la Société industrielle, chevalier de l'ordre des Saint-Maurice et Lazare.

Rapporteur. JALABERT aîné, fabricant d'armes de commerce, conservateur du musée d'artillerie, syndic de l'épreuve des armes de commerce, ancien président du Conseil des prud'hommes, membre de la Société industrielle.

PONDEVAUX, fabricant d'armes, syndic de l'épreuve.

MERLEY, éprouveur des armes du commerce, ancien membre du Conseil des prud'hommes.

MERLEY-TIVET, réviseur de la Manufacture impériale d'armes.

MERLEY-FRAISSE, rentier, ancien canonnier.

JAVELLE frères, réviseurs de la Manufacture impériale d'armes.

Première sous - Commission adjointe à la Section d'Armurerie pour l'examen des Bois de fusils.

Président. MASCLET, O. ❋.

Rapporteur. JALABERT aîné.

FAYET, ancien armurier, surveillant au musée d'artillerie.

Galey, arquebusier retiré.

Guichard, ancien armurier.

Girard, arquebusier.

Voytier, arquebusier.

Murgues , arquebusier.

Deuxième sous-Commission pour l'examen des Platines.

Président. Masclet, O. ✳.
Rapporteur. Jalabert aîné.
    Gabion père et fils, platineurs.
    Fournel père,   *id.*
    Cizeron ,   *id.*
    Preynat ,   *id.*
    Belut fils ,   *id.*

TROISIÈME SECTION.

RUBANNERIE.

Mécanismes et Outils pour la fabrication des Tissus.

Président. Robichon, fabricant de rubans, membre de la Société industrielle, ancien adjoint à la mairie de Saint-Etienne.

Rapporteur. Richard Ennemond , ✳, fabricant de lacets, secrétaire de la Chambre de commerce et membre du Conseil général des manufactures.

    Passerat, fabricant de rubans, président du Tribunal et membre de la Chambre de commerce.

    Gerin Auguste, fabricant de rubans, ancien membre du Conseil municipal.

    Escoffier Félix, entrepreneur de la manufacture impériale d'armes de guerre, ancien fabricant de rubans.

    Clerc , chef d'atelier, passementier.

MÉCANIQUES ET FORGES DE GROSSES OEUVRES.

Président. Verpilleux, ✸, manufacturier, ancien représentant, membre de la Chambre de commerce.

Rapporteur. De Bouchaud, sous-gérant de la Compagnie des Fonderies de la Loire et de l'Ardèche, vice-président de la Société industrielle.

Petin, ✸, maître de forges.

Revolier, mécanicien.

Lloyd, mécanicien.

CINQUIÈME SECTION.

OBJETS DIVERS.

Président. Gruner, ✸, directeur de l'Ecole des mineurs, membre de la Société industrielle.

Janicot, professeur de chimie à l'Hôtel-de-Ville, fabricant de produits chimiques, **membre** de la Société industrielle.

Locard Ernest, ingénieur civil des mines, membre de la Société industrielle.

Coste, ingénieur civil des mines, membre de la Société industrielle.

SÉANCE SOLENNELLE ET PUBLIQUE

DU 11 AVRIL 1853.

—

DISTRIBUTION DES RÉCOMPENSES.

Plus d'une heure avant l'ouverture de la séance, la grande salle de l'Hôtel-de-Ville, que **M.** le Maire de la ville de Saint-Etienne avait mise à la disposition de la Société, était occupée par les personnes invitées.

Des places d'honneur avaient été réservées à **M.** le général de cavalerie, Pointe de Gevigny, commandant la subdivision militaire du département de la Loire, à **M.** Janvier, sous-préfet de l'arrondissement de Saint-Etienne, et à un grand nombre d'autres fonctionnaires qui s'étaient empressés d'honorer de leur présence cette solennité.

Au-devant de l'estrade, sont placés **MM.** les Membres de la Société, et à côté d'eux les lauréats.

MM. Darnault et Descreux, membres du Jury de l'Exposition, le premier pour la section agricole, le second pour la section industrielle, et **M.** le docteur Soviche, membre de la Société, remplaçant en qualité de secrétaire M. Locard-Denoel, retenu chez lui par une indisposition, sont à gauche sur l'estrade.

A dix heures et demie, M. le Préfet est introduit par M. Bayon, président, qui l'invite à prendre place au fauteuil de la présidence. M. le Président et M. le Maire de la ville de Saint-Etienne sont placés à ses côtés.

La séance commence par une ouverture exécutée par l'excellente musique du nouveau corps des Sapeurs-Pompiers de la ville de Saint-Etienne, après laquelle M. le Préfet a prononcé le discours suivant :

« Messieurs,

« Ce n'est pas seulement un devoir que je viens remplir aujourd'hui par ma présence au milieu de vous, j'y suis surtout attiré par mes vives sympathies pour vos travaux, vos progrès et votre prospérité.

« Quelle plus belle prérogative, en effet, pour un administrateur, que celle qui l'appelle à décerner publiquement, et au nom du gouvernement, des récompenses qui sont, quel que soit son rang, la véritable noblesse de tout homme laborieux?

« La dernière exposition faite dans cette ville des remarquables produits qui sortent de vos nombreux ateliers vous prouve, une fois de plus, la profondeur de ces mémorables paroles du prince Napoléon à Bordeaux : *l'Empire, c'est la paix :* vérité sublime qui résume à elle seule tout un programme d'avenir et de prospérité glorieuse pour la France.

« Et, en effet, Messieurs, la paix n'est-ce pas la confiance, la facilité des transactions, l'entente des peuples, la richesse du commerce ; n'est-ce pas l'aisance et la joie au foyer de tous ?

« Quelle contrée, mieux que cet arrondissement, peut et

doit apprécier aujourd'hui cet immense bienfait que nous réservait la Providence après les tourmentes révolutionnaires qui n'apparaissent déjà plus , que comme le vague souvenir d'un passé qu'il nous faut à tout jamais effacer.

« Le génie tutélaire de l'Empereur Napoléon III veillait alors sur notre chère patrie, et son bras protecteur, nous délivrant à l'heure de l'agonie , nous rendait calme et beau cet avenir que les ennemis de la société voulaient précipiter dans le néant.

« Vous ne l'avez point oublié, Messieurs; la reconnaissance qui parle haut dans vos cœurs s'est traduite avec admiration, avec enthousiasme lors du passage de Sa Majesté Impériale, marche véritablement triomphale au milieu de ces flots de population accourus de toutes parts pour saluer et fêter le libérateur.

« L'Empereur, non plus, n'a point oublié vos chaleureux élans; Sa Majesté, dans son inépuisable bonté, daignait, il y a peu de jours, m'en répéter son touchant souvenir, qu'elle accompagnait de l'expression de son plus vif intérêt pour notre prospérité que j'avais plaisir à lui retracer.

» Et, en vous disant aujourd'hui que je suis heureux et fier du privilége de ma position, c'est que je suis auprès de vous le fidèle organe de l'auguste fondateur de l'œuvre de régénération.

« Des premiers, vous avez compris tout ce que renferment d'éléments de vie et de richesses ces magnifiques institutions émanées de son profond génie ; vous les avez appliquées et déjà vous récoltez le prix de vos laborieux efforts.

« Mais nous, Messieurs, sur qui repose le soin de veiller incessamment aux graves intérêts des masses, nous ne voyons pas encore notre tâche accomplie. Des améliorations importantes sont à mettre en pratique, et nous nous y appliquons avec dévouement.

« La création des caisses de crédit foncier destinée à arracher des mains avides de l'usure la petite propriété dont elle n'était que trop souvent la proie, cette création, dis-je, fonctionne dès à présent dans notre département ; l'agriculture trouvera désormais dans la libérale prévoyance du gouvernement, et à des conditions avantageuses, les ressources pécuniaires qui lui manquaient.

« Les caisses de secours mutuels, qui assurent à l'ouvrier malade, ou réduit accidentellement au repos, les soins et un salaire dont il serait privé, sont déjà créées sur plusieurs points de notre territoire ; c'est à vous, Messieurs les chefs d'établissements, qui êtes les pères de vos ouvriers, à nous aider dans cette œuvre : non-seulement vous aurez à cœur de nous faciliter l'accomplissement de ces vues éminemment populaires , mais vous tiendrez à honneur d'inscrire des premiers vos noms sur ces listes comme la garantie la plus sûre d'une parfaite association fraternelle.

« L'institution des caisses de retraites pour la vieillesse n'a pas encore été bien comprise, je le dis à regret. Et cependant, quoi de plus philanthropique et de plus simple à la fois : alors que les forces altérées par l'âge ne permettent plus à l'ouvrier un travail en rapport avec ses besoins, elle lui assure, par de modiques versements successifs, une ressource, une rente, qui lui permet de finir dans l'aisance et le calme une carrière entièrement laborieuse.

« Efforçons-nous donc, Messieurs, de faire comprendre à cette classe *si intéressante des travailleurs* tout ce que peut, dans la vieillesse, lui procurer de bien-être une épargne bien entendue, bien appliquée.

« C'est ainsi que nous aurons résolu ce magnifique problème de l'extinction complète de la misère qui ne saurait exister chez le premier peuple de l'univers. C'est là l'objet de la sollicitude constante de Leurs Majestés l'Empereur et l'Impératrice qui nous trouveront les zélés propagateurs de leurs maximes élevées et généreuses et les imitateurs de leurs nobles et bienfaisants exemples.

« L'agriculture, cette fille aînée du travail, mérite à tous les titres encouragements et protection. Les progrès dont elle est susceptible sont infinis, et ils sont surtout suivis avec intérêt. Déjà, d ans notre département, l'institution des comices agricoles a produit les meilleurs résultats, des améliorations réelles ; peu à peu on abandonne les vieilles routines, et les admirateurs superstitieux des vieux usages commencent à se moins défier des innovations, se familiarisent avec le progrès.

« Cette institution se recommande par son but essentiellement moral.

« Ces prix décernés à la meilleure exploitation, au plus habile laboureur, aux plus fidèles serviteurs ; ces éloges accordés publiquement aux longs services, à la bonne conduite, inspirent une noble émulation qui profite à tous.

« Nous persévérerons dans cette tâche où nous guident également le devoir et la Religion.

« Si l'agriculture est le premier des arts, il ne faut pas oublier qu'elle a besoin de tous les autres et particulièrement de l'industrie qui lui procure ses moyens d'action, et les perfectionne chaque jour.

« Ici, Messieurs, j'éprouve une satisfaction réelle à signaler la supériorité des produits de vos établissements industriels ; ils sont pour vous un légitime sujet d'orgueil dans le présent et de vastes espérances dans l'avenir.

« Ces machines, ces hauts-fourneaux, ces palais de fer, ces métiers d'où sortent les rubans les plus riches et les plus variés, tout ici révèle le génie industriel dont la renommée s'étend au-delà des mers. Il se retrouve encore dans les richesses que vous allez chercher jusque dans les entrailles de la terre, dans les mines, sources fécondes, intarissables, qui appellent à leur exploitation des milliers d'ouvriers.

« Tout ici réalise ce vœu du chef de l'Etat dans son discours qui précéda la distribution des récompenses après l'Exposition de Londres.

« *Combien elle serait grande cette nation si l'on voulait*
« *la laisser respirer à l'aise et vivre de sa vie.* »

« Elle vit de sa vie aujourd'hui, et avec le calme salutaire, se réveille l'émulation qui engendre des prodiges.

« Aussi partout se produisent des concours, des expositions, admirables résultats de l'intelligence humaine combinée avec le travail.

« C'est une heureuse pensée que celle qui, chez vous, vient de donner naissance à cette lutte de l'intelligence et de l'habileté, et par suite à la fête de famille qui nous réunit en ce moment dans cette enceinte. Que les hommes honorables, M. le président et MM. les membres de cette Société à la fois industrielle et agricole, veuillent bien accepter l'expression de notre reconnaissance.

« A votre Exposition, chacun a pu admirer de nouveaux progrès : la menuiserie, l'armurerie, la verrerie, les grosses pièces de forge, la serrurerie et la quincaillerie y étaient avantageusement représentées.

« Cette dernière branche de votre industrie, naguère si prospère, puis délaissée, a repris un nouvel essor. Elle avait craint un moment la concurrence désastreuse par suite du prix trop élevé de la main-d'œuvre.

« L'Alsace et la Picardie, ses rivales dans ce genre, lui avaient laissé peu de place sur certains marchés. Mais les recherches d'habiles fabricants, secondés par des ouvriers non moins habiles, ont triomphé de toutes les difficultés, et désormais la serrurerie et la quincaillerie ne craindront plus de rivalités.

« Ce concours entre producteurs d'une même contrée est-il donc à la hauteur de vos puissants moyens ? Non, messieurs, c'est sur un plus vaste théâtre que vous êtes appelés à combattre.

« Déjà plusieurs d'entre vous ont remporté à l'exposition universelle de Londres des récompenses vraiment nationales, car elles attestent la réputation de nos métiers, de nos arts et de nos sciences.

« Une année encore, en 1855, et Paris, notre belle capitale, sera, à son tour, le champ d'une de ces grandes et pacifiques luttes de l'industrie, les seules possibles, aujourd'hui, que des assurances mutuellement données de peuple à peuple, de gouvernement à gouvernement, ont consolidé les bases d'une paix durable.

« La démarche toute récente des négociants de Londres, l'adresse couverte des signatures de l'élite du commerce anglais remise à Sa Majesté Impériale, ne sont-elles pas une nouvelle garantie de l'accord qui unit ces deux grandes nations ?

« En attendant ce jour d'un nouveau triomphe, laissez-moi vous rappeler que l'Exposition universelle qui doit s'ouvrir à Dublin le 12 mai prochain, vous offre l'occasion de vous montrer ce que vous fûtes à Londres, c'est-à-dire remarquables par le goût, le perfectionnement et l'intelligence de votre industrie multiple.

« Les distinctions, les récompenses que plusieurs d'entre vous, messieurs, vont recevoir à l'instant, sont un témoignage rendu au travail, à l'intelligence et au mérite. Ils en seront d'autant plus fiers qu'elles émanent d'un jury essentiellement équitable, qu'elles témoignent aussi de l'estime de leurs concitoyens et de la sollicitude du gouvernement.

« Elles seront enfin pour tous le prélude de succès plus glorieux encore. »

Ce discours est écouté avec un vif intérêt.

M. BAYON, vice-président du Tribunal civil, président de la Société, se lève et s'exprime en ces termes :

MESSIEURS,

La solennité qui nous rassemble aujourd'hui dans cette enceinte, n'a pas seulement pour objet de récompenser les efforts tentés dans l'arrondissement de Saint-Etienne, pour l'amélioration de l'agriculture ; elle a aussi en vue de donner aux ouvriers sur le fer les encouragements qui leur sont dûs pour avoir contribué, par leur travail intelligent, à relever la quincaillerie de l'espèce de défaveur où elle était tombée, et pour avoir rendu son ancienne supériorité à cette industrie qui, avec l'armurerie, ont fait les prémiers la gloire et la richesse du pays.

La tâche que la Société industrielle et agricole de l'arrondissement de Saint-Etienne s'est imposée, Messieurs, est une belle et noble tâche, puisque le but vers lequel tendent son zèle et sa persévérance s'exerce en même temps et sur l'agriculture et sur l'industrie.

L'agriculture, le premier, le plus ancien et le plus important de tous les arts, est la base de la civilisation, la source des richesses et de la prospérité des empires. C'est elle qui nourrit le pauvre, qui augmente l'opulence du riche et qui donne à l'industrie et au commerce les moyens de s'agrandir et de se perfectionner : son origine remonte et se perd dans les temps les plus reculés.

L'agriculture, trop longtemps négligée en France, fait néanmoins, depuis le commencement de ce siècle, de sensibles progrès.

La division des propriétés a été l'une des premières et des principales causes de l'amélioration qui s'est manifestée, de toutes parts, dans les cultures ; mais, on ne saurait le contester, les progrès de la science agricole sont dûs, plus particulièrement encore, aux efforts soutenus des sociétés d'agriculture, et surtout de la société centrale de la Seine qui, par l'esprit d'observation et par les études approfondies des savants qui la composent, a substitué, à l'habitude et à la routine, des préceptes dictés par la raison et fortifiés par l'expérience.

La Société de Saint-Etienne a dû, dès son installation, en 1822, s'occuper activement de faire adopter ces préceptes dans cet arrondissement, où l'agriculture, exercée sur un sol ingrat et abandonnée aux pratiques routinières du paysan, réclamait impérieusement une réforme complète. Malgré les nombreuses Instructions publiées par ses soins et répandues dans les campagnes, toutes les branches de l'économie rurale sont cependant restées longtemps stationnaires. Nulle modification de quelque importance ne pouvait parvenir à changer les pratiques vicieuses suivies de temps immémorial, et la routine de nos pères continuait avec obstination à présider aux travaux agricoles : les terres mal travaillées, privées d'engrais, ne donnaient que des récoltes chétives, souvent insuffisantes pour la consommation du cultivateur. Les fermiers, employant les animaux de trait aux charrois, ne donnaient à leurs terres que des labours rares et d'une imperfection évidente, par suite de la mauvaise construction des charrues. L'absence presque complète de prairies artificielles, et pardessus tout les préventions enracinées des cultivateurs contre toute espèce d'innovation, même contre celles dont l'expérience dans des contrées voisines avait démontré l'efficacité ; tel etait l'état déplorable dans lequel languissait la culture, et qui paraissait à tel point désespéré, que les témoins des premières tentatives d'amélioration de la Société, n'hésitaient pas de prédire que ses peines seraient infructueuses, et que ses efforts et sa persistance n'arriveraient pas même à quelques faibles succès. Cependant, telle était la ferme volonté de quelques amis de l'agriculture, que rien n'a pu les faire renoncer à une entreprise dont ils espéraient, pour le bien de leur pays, obtenir une réussite au moins partielle.

L'inutilité des conseils étant donc bien reconnue, la Société a dû suivre une autre marche qui a produit quelques heureux effets. Elle s'est occupée d'abord de remplacer les charrues ordinaires, si défectueuses, par celles dont Mathieu de Dombasle venait tout récemment d'enrichir la France. Elle a encouragé la fabrication de cet excellent instrument ; elle en a distribué quelques-unes gratuitement, et en a livré aux cultivateurs plus aisés un grand nombre à moitié de leur prix. Aussi, grâce à cette mesure, la charrue Dombasle est aujourd'hui généralement adoptée dans l'arrondissement, et elle a produit une notable amélioration dans sa culture.

Les prairies artificielles, les racines fourragères étaient à peine connues. La Société en a fait distribuer gratis des semences, et depuis environ 15 ans elle n'a pas cessé ces distributions, en renouvellant chaque année la promesse de récompenser ceux qui seconderaient ses efforts. Aussi, a-t-elle eu la satisfaction de voir ce mode d'amélioration adopté dans presque toutes les communes, et dans ce genre de culture, le succès a dépassé ses espérances. Mais si cette promesse n'a pas reçu jusqu'ici son exécution, il faut l'attribuer au peu de confiance que les cultivateurs avaient dans ces premières tentatives dont ils étaient loin d'apprécier l'importance ; et telle était à cet égard leur insouciance que pour établir une première liste des ayant-droit à cette rémunération, la Société a été obligée de multiplier des démarches qui n'ont pas eu tous les résultats qu'on aurait désirés : aussi en présentant au public les noms des cultivateurs dont elle récompense aujourd'hui les efforts et les succès, elle reconnaît que la nomenclature dressée par la Commission ne peut être que très incomplète, et qu'il est sans doute beaucoup de cultivateurs qui n'occupent pas sur cette première liste la place à laquelle ils auraient d'incontestables droits. Mais l'occasion se présentera bientôt de réparer une omission, effet de l'impuissance et non de l'oubli. La Société en a la ferme volonté et espère qu'on lui fournira les moyens d'accomplir cette tâche qu'elle s'impose en faveur de ceux qui ont subi cette omission tout à fait involontaire.

Outre les encouragements donnés aux fermiers et aux petits propriétaires, la Société, Messieurs, a été appelée à récompenser des travaux d'un autre ordre, dont les heureux résultats ne peuvent qu'améliorer d'une manière sensible, l'état général de l'agriculture.

C'est ainsi qu'elle a décerné plusieurs médailles :

1° Pour le reboisement de terrains plus ou moins vastes, jusqu'alors improductifs ;

2° Pour le défrichement ou l'assainissement et la mise en valeur sur une échelle étendue , de terres précédemment incultes ;

3° Pour la meilleure disposition des étables et écuries et pour le bon entretien du bétail ;

4° Pour la culture du mûrier blanc dans les communes où elle n'était pas connue et pour l'éducation des vers à soie ;

5° Enfin , la Société a décerné des médailles aux valets et servantes de fermes qui se sont faits remarquer par leur moralité et par toutes les qualités appréciables dans les serviteurs attachés aux exploitations rurales.

Nous sommes fondés à espérer que ces récompenses porteront les fruits que nous en attendons ; elles ranimeront le goût de la culture si négligé parce qu'il est peu connu ; elles exciteront le zèle des propriétaires à propager les bonnes doctrines et encourageront le cultivateur à profiter des conseils qui leur sont donnés, et dont l'avantage leur est démontré par une heureuse expérience restée jusqu'ici trop souvent inutile ; il n'est pas jusqu'à ces modestes serviteurs qui partagent avec tant de dévouement les travaux de leur maître, qui ne sentent leur zèle réveillé et plus ardent, en voyant que la Société n'a pas oublié de récompenser leur bonne conduite. Soyons donc convaincus qu'à la prochaine distribution, nous verrons les cultivateurs venir en foule réclamer le prix des améliorations qu'ils auront introduites dans leur culture et que nous serons heureux de leur accorder.

Passons maintenant à ce qui fait la véritable gloire de l'arrondissement de Saint-Etienne, et qui le rend, sans contredit, l'un des plus remarquables de la France. Cette gloire consiste dans les nombreuses branches d'industrie qui ont fait et feront toujours sa richesse, et dans l'activité et l'aptitude de ses habitants à les exploiter. Combien sont variés, en effet, Messieurs, les genres de fabrication auxquels ils se livrent, et qui ont si visiblement progressé depuis le commencement de ce siècle !.. La production et l'ouvraison des soies, la fabrication des rubans, des velours, des lacets, la teinturerie, la production du fer, celle de l'acier, conquête pacifique que nous avons faite sur l'Angleterre, la fabrication des armes de guerre et de luxe, la quincaillerie, les verreries, les fabriques de faulx et de faucilles, celles du noir à fumée, l'exploitation des gisements si riches de houille, que recèle une partie notable de notre sol, et tant d'autres industries qu'il serait trop long d'énumérer ici, tout concourt à entretenir une activité sans pareille dans toutes les parties de l'arrondissement qui ne se livrent pas exclusivement aux travaux agricoles.

On ne saurait méconnaître, cependant, messieurs, que le commerce de la quincaillerie et celui de l'armurerie de luxe, n'ont pas suivi la marche progressive des autres industries : le chiffre de leurs produits, le nombre des ouvriers qu'elles occupent et les salaires ont sensiblement diminué depuis environ 60 ans ; si l'on en croyait même une fausse opinion, généralement accréditée, les articles de quincaillerie qui sortent des ateliers de Saint-Etienne, seraient d'une qualité tellement inférieure qu'ils devraient être rangés dans la classe de ceux connus dans le commerce sous les noms d'articles de *pacotille.*

En présence de cet abaissement dans lequel la plus ancienne de nos industries paraissait être descendue, la Société n'a pu rester indifférente, et elle a voulu scruter la cause d'un discrédit qui lui paraissait tout au mo ns exagéré·

Une commission choisie dans son sein a été chargée de lui présenter un rapport sur la situation actuelle de la quincaillerie et sur les moyens propres à la relever. Ce rapport, qui a été imprimé et distribué, jette, Messieurs, une vive lumière sur cette question"; il fait connaître les véritables causes de l'état stationnaire dans lequel a langui et languit encore cette industrie, et lave les ouvriers de Saint-Etienne de l'injuste reproche qui leur est fait de laisser tomber leurs articles dans une honteuse médiocrité.

Il serait trop long, Messieurs, de vous retracer ici l'histoire de notre quincaillerie depuis son établissement, et des péripéties par où elle est passée. Le rapport de notre estimable collègue, M. Auguste Granger, dont il vient d'être parlé, donne à cet égard des détails intéressants qu'un grand nombre de ceux qui m'écoutent ont sans doute lus et peuvent se rappeler.

Qu'il me suffise, dans ce moment, de répéter que si le commerce de la quincaillerie a perdu à Saint-Etienne l'importance qu'il avait autrefois, ce n'est point à la mauvaise confection de ses articles qu'il le doit, mais à l'ignorance de ses ouvriers et à leur refus obstiné, dans le principe, d'adopter les procédés expéditifs qui, en abrégeant le travail des bras, augmentent la masse des produits ; refus d'autant plus déplorable que nous n'avons pu suivre la concurrence des fabriques qui ont eu le bon esprit de les employer. C'est ainsi, en effet, que la fabrication des vis à bois, qui occupait huit à neuf cents ouvriers, a disparu de nos ateliers depuis l'invention de la machine *Japy*, et que celle des fourchettes, qui en faisait vivre un nombre presque égal, fait aujourd'hui la richesse de plusieurs communes du département des Vosges, où elle s'est réfugiée après la destruction de la machine de Sauvade, établie dans les environs de Saint Etienne, pour accélérer la fabrication de cet article.

La commission de la Société, dans son zèle éclairé pour le perfectionnement de la quincaillerie, a pensé qu'une Exposition générale de tous ses produits serait le moyen le plus propre à faire juger et apprécier d'une manière sûre l'état véritable de cette industrie à Saint-Etienne. C'était une idée heureuse qui a été accueillie favorablement par les ouvriers et a excité leur émulation au plus haut point. Ils se sont mis à l'œuvre avec empressement et ont apporté, dans les salles de l'Hôtel-de-Ville, le fruit de leur travail ; le concours des visiteurs a été d'autant plus considérable pendant un mois et demi, que les objets exposés avaient un mérite bien supérieur à celui qu'on s'était généralement attendu d'y trouver.

Un fait digne de remarque, Messieurs, est ressorti de cette Exposition et a été signalé par le jury : c'est que la plupart des articles dont la fabrication ne nous a pas été enlevée et qui ne se confectionnent qu'à la main, ont fait des progrès sensibles depuis 30 ans ; et la quantité des produits de cette nature s'est considérablement accrue, malgré la diminution dans le prix de la main-d'œuvre que ces articles ont éprouvée.

Cette Exposition a eu encore pour effet de nous convaincse que le commerce de la quincaillerie de Saint-Etienne regagnera bientôt le rang qui lui assurent l'excellence et la perfection de ses produits actuels, qui surpassent en qualité les outils d'Allemagne et rivalisent avec ceux d'Angleterre. La quincaillerie, n'en doutons pas, Messieurs, deviendra l'égale de cette rubannerie si justement renommée qui fait l'envie et le désespoir de toutes les nations. Si notre quincaillerie ne jouit pas encore, dans l'opinion publique, de la haute estime qu'elle mérite en ce moment, c'est qu'il est plus difficile de rétablir une réputation perdue que de la créer tout d'abord.

Je n'entrerai pas dans de longs détails sur la fabrication des armes de luxe qui sortent des fabriques de Saint-Etienne.

Toutes les parties de l'arme, les plus essentielles surtout, le canon et la platine, sont confectionnées chez nous avec tant de soin et de perfection, qu'on peut défier toutes les fabriques de France, de Belgique et d'Angleterre d'en produire qui puissent leur être comparées ; et cependant ce commerce qui livrait autrefois à la consommation plus de 70 mille fusils, en produit à peine aujourd'hui de 35 à 40 mille ; et, ce qui vous étonnera, Messieurs, Liège qui en fabrique actuellement au moins 300 mille, en fait entrer annuellement en France plus de 90 mille !..

Et pourtant les fusils de Liége, destinés surtout à l'exportation, sont en général confectionnés avec peu de soin et d'une qualité inférieure, et les différentes parties dont ils se composent, surtout le canon, n'ayant pas subi toutes les épreuves nécessaires pour en garantir la solidité, exposent ceux qui s'en servent aux plus cruels accidents !.. La modicité du prix auquel une si déplorable confection permet de les livrer est donc la seule cause de la rude concurrence qu'ils nous opposent. Les fusils de Saint-Etienne sont au contraire soumis à une inspection des plus sévères. Il ne sort pas un canon de ses ateliers qui n'ait été éprouvé par plusieurs fortes charges, après lesquelles on peut se servir de l'arme avec toute sécurité.

La perfection de toutes les parties a mérité à l'armurerie de Saint-Etienne la haute réputation dont elle jouit et qui ne peut lui être contestée nulle part.

Pour faire cesser une concurrence si préjudiciable à notre fabrique, ne serait-il pas possible d'exiger que les fusils importés en France fussent soumis à une inspection sévère pour en constater la bonne qualité ? Ne pourrait-on même pas faire subir aux canons une nouvelle épreuve ?.. Cette mesure, en obligeant nos voisins à jeter dans le commerce des armes plus soignées, ne leur permettrait pas de les livrer à des prix aussi minimes. J'abandonne cette idée à ceux qu'elle intéresse plus particulièrement.

La ville de Saint-Etienne, trop longtemps oubliée et méconnue de nos gouvernants, a grandi cependant avec une rapidité toujours croissante. Espérons qu'elle grandira encore sous le gouvernement éclairé d'un prince qui a

ramené la sécurité dans les esprits et dans les **transactions**
commerciales, et qui a pu juger par ses propres yeux l'importance d'un pays qui lui a manifesté si hautement sa sympathie. Un brillant avenir nous est promis, n'en doutons
pas. Nos ouvriers ne sont plus réduits à leurs propres ressources ; des cours publics de toutes les sciences, et particulièrement de celles qui ont trait à l'industrie, leur sont ou-
verts, et, en répandant l'instruction, facilitent le développement du génie. De hautes protections nous sont acquises :
M. Heurtier, notre digne et honorable compatriote, de la
position élevée où il est placé, ne cesse d'avoir l'œil sur sa
ville natale et de lui donner des preuves multipliées et non
équivoques de sa bienveillance et de son attachement ; qu'il
reçoive ici l'expression de notre reconnaissance, et non
pour nous seulement, mais encore pour tout le département
qu'il se fait un devoir et une gloire de protéger dans toutes
les circonstances.

Permettez-moi, en terminant, monsieur le Préfet, d'être
ici l'interprète des sentiments de la Société, et de vous
offrir, en son nom, l'expression de sa profonde reconnaissance pour la faveur que vous lui avez accordée en venant
la présider dans cette circonstance solennelle. Elle s'effor-
cera par son zèle et par ses travaux de justifier la bienveillance et la sympathie que vous lui avez témoignée, et dont
elle vous adresse par ma voix ses sincères remerciements.

Ce discours, en faisant connaître les efforts successifs de la Société depuis l'époque de sa création,
en 1822, pour encourager tout à la fois et l'agriculture et les diverses branches d'industries formant
tout à la fois la gloire et la richesse de Saint-Etienne
et de l'arrondissement dont cette ville est le chef-lieu,
a été également écouté avec l'attention la plus soutenue.

M. le Préfet annonce qu'avant de passer à la distribution des récompenses , objet de la réunion , il va, comme délégué de M. le grand-chancelier de la Légion-d'Honneur, procéder à la réception de MM. Bayon, président, et Ennemond Richard, membre de la Société, tous deux créés chevaliers de la Légion-d'Honneur. Il donne , en conséquence , lecture du décret impérial qui les a nommés, et après la prestation du serment prescrit par la loi , il leur donne l'accolade et les proclame membres de la Légion-d'Honneur, dont il leur remet les insignes.

M. le Président annonce que la distribution des récompenses et encouragements pour l'agriculture , décernés dans une des séances de la Société, va précéder la distribution des récompenses et encourage_ ments industriels.

M. Darnault est appelé à proclamer les noms des agriculteurs que la Société, sur le rapport de sa commission spéciale , a jugé dignes des récompenses annoncées.

Au fur et à mesure de l'appel de son nom, chacun des lauréats vient recevoir, des mains de M. le Préfet, la médaille qui lui est destinée , ainsi que le diplôme constatant cette rémunération.

Il est ensuite procédé à la distribution des récompenses destinées aux diverses catégories d'industriels. M. Descreux, au nom du Jury, appelle également les lauréats , qui viennent successivement recevoir des mains de M. le préfet la récompense à laquelle chacun d'eux a été reconnu avoir droit.

Pour chacune de ces deux catégories, les récompenses accordées consistent en médailles d'or, d'argent, grand et petit module, de bronze, mentions honorables, et enfin en primes en argent.

Cette cérémonie, qui a duré de dix heures et demie à une heure, a paru faire une vive impression, non-seulement sur ceux qui y prenaient une part active, mais encore sur tous les spectateurs.

M. le Préfet a levé la séance en recevant de la part du Bureau et des membres de la Société, les témoignages d'une vive et sincère gratitude pour la part qu'il a bien voulu prendre à cette manifestation trop long temps retardée et si intéressante pour les progrès de l'agriculture et la prospérité de nos industries locales.

RAPPORT DU JURY.

—

PREMIÈRE SECTION.

—

QUINCAILLERIE.

—

Première Division.

OUTILS TRANCHANTS ET D'AGRICULTURE, OUTILS DIVERS ET COUTELLERIE.

La quincaillerie a été, pendant de longues années, l'une des principales branches de l'industrie stéphanoise; mais l'introduction dans les diverses manufactures des machines et des outillages lui ont porté un coup funeste. Depuis cette époque, Saint-Etienne a perdu la fabrication de tous les articles qui s'exécutent ailleurs à l'aide de ces nouveaux moyens.

Un fait digne de remarque, que l'Exposition a fait ressortir, c'est que la plupart des articles qui ne peuvent se confectionner qu'à la main et conservés par cette ville, ont fait des progrès sensibles depuis trente ans. La quantité des produits s'est considérablement accrue ; il y a eu perfectionnement et réduction de prix dans une forte proportion.

Si , d'un côté , la localité a dû regretter la perte d'un bon nombre d'articles, occupant une nombreuse population, d'un autre côté Saint-Etienne a vu s'élever, depuis quelques années , sur son territoire et dans les environs , beaucoup d'établissements industriels d'une grande importance , dont plusieurs sont une conquête faite sur les fabriques rivales et étrangères.

Il est certain que le moyen le plus efficace pour rendre à la quincaillerie de Saint-Etienne son ancienne prospérité , c'est , sans contredit, l'emploi des machines. Le Jury a vu avec satisfaction que cette pensée est entrée dans l'esprit des producteurs , et déjà plusieurs d'entre eux en ont fait l'application pratique dans la fabrication de quelques articles , notamment pour la serrurerie.

Dans un tel état de choses , les récompenses , les encouragements appartiennent principalement aux maîtres ouvriers et ouvriers qui , sortant des voies d'anciennes habitudes invétérées , d'une routine somnolente, ont, avec des moyens , des ressources restreints , cherché, dans leur modeste sphère , à faire reprendre à la quincaillerie stéphanoise , au moins en partie , le rang qu'elle avait perdue par suite de sa situation stationnaire ; alors que ses rivaux , soit d'autres contrées de la France, soit étrangers , réalisaient avec énergie les améliorations, les progrès dont le génie des mécaniciens dotait la fabrication.

Pour être juste , il faut reconnaître que ces tentatives, sur une échelle encore bornée , ont réussi ; mais

leurs auteurs étaient ignorés; ils profitaient modeste-
ment de leurs efforts ; ils n'en retiraient pas tout le
fruit, car le préjugé général de l'infériorité de la quincaillerie stéphanoise s'accréditait sans cesse , les travailleurs dévoués sortis de l'ornière commune restant
inconnus , et n'opposant qu'une louable persistance à
lutter contre les préventions qui les entouraient.

La publicité provoquée, donnée par l'Exposition de
la Société industrielle et agricole est un premier élan:
il s'agit de le suivre, d'en développer les effets, et la
certitude d'atteindre le but proposé dans sa plus
grande partie n'est pas contestable.

Le Jury croit devoir faire remarquer qu'en général
les ouvriers aiguiseurs et limeurs (1) s'attachent plutôt à produire plus qu'à faire mieux. Si la pièce sortant de la forge a un défaut , ils ne le font pas disparaître complètement ; le contraire a lieu dans les autres
fabriques. La cause n'est pas dans le défaut d'intelligence des ouvriers, mais dans la routine. C'est donc,
répétons-le , cet esprit de routine qu'il importe de
détruire pour l'amélioration de la plupart de nos
produits.

Le Jury est heureux d'avoir à signaler à la reconnaissance publique l'empressement avec lequel tous
les hommes de bien se sont associés à la pensée de
relever une industrie en décadence , et de donner à
celles déjà en état de prospérité une nouvelle impulsion.

(1) Cette remarque s'applique plus particulièrement aux
ouvriers des articles communs de quincaillerie.

Industrie des Faulx et Faucilles.

Pendant longtemps la France a été tributaire de la Styrie et de la Westphalie pour ces articles, qui étaient en possession d'alimenter notre [consommation. Les faulx de Styrie, surtout, jouissaient d'une haute réputation et se vendaient sur nos marchés à des prix exorbitants.

La France doit l'importation de cette industrie à MM. Garrigou, Saus et Cᵉ, qui créèrent à Toulouse le premier établissement en ce genre, il y a trente-cinq ans environ. M. Massenet prit la direction de cette fabrique, et les faulx de Toulouse ne tardèrent pas à expulser de notre consommation les faulx d'Allemagne. Mais il importait de remplacer la faulx de Styrie, dont la qualité n'avait pu être atteinte par le produit français. M. Massenet pensa avec raison que l'acier fondu pourrait lui permettre d'atteindre ce but, et en 1837, il vint créer à Saint-Etienne l'établissement de la Terrasse; c'est donc à lui que notre ville est redevable de cette belle industrie.

L'importation en France des faulx étrangères dépassait annuellement un million de pièces; aujourd'hui la faulx française alimente notre consommation, et nos faulx en acier fondu commencent à trouver quelques débouchés à l'extérieur, en concurrence avec la faulx de Styrie.

Nous avons, à l'occasion de l'Exposition, à signaler les établissements fondés à l'instar de celui créé par

M. Massenet , et dont les chefs ont figuré parmi les exposants , savoir :

MM. **Dumaine , Dorian et C°**, *de Valbenoîte.*

La manufacture de Valbenoîte a été construite en 1842 ; elle peut livrer annuellement au commerce 100 à 120,000 faulx et 25 à 30,000 faucilles ; elle occupe 80 ouvriers en moyenne. Les aciers fondus, spécialement employés à la fabrication, proviennent des usines de M. Jacob Holtzer, de Firminy.

Les développements successifs de cette industrie , d'importation nouvelle , sont constatés par la clientèle établie dans les départements qui étaient autrefois tributaires de l'Allemagne , de la Styrie , de la Belgique , ou qui s'approvisionnaient à des prix élevés chez des taillandiers locaux. Tels étaient les départements d'Ile-et-Vilaine , des Côtes-du-Nord , de la Loire-Inférieure, du Nord, du Pas-de-Calais et autres.

MM. Dumaine, Dorian et Ce ont exposé des faulx d'une grande perfection de forme ; il est de notoriété publique qu'il y a généralement appréciation de la qualité des produits de ces fabricants.

Ces Messieurs ont eu l'heureuse idée de présenter un tableau de toutes les transformations de l'acier, de toutes les diverses mains-d'œuvre que la faulx subit avant d'arriver à la complète confection.

Le Jury , appréciant les efforts incessants de **MM.** Dumaine et Dorian pour consolider le rang auquel s'est élevé la fabrique des faulx dans nos contrées , décerne à ces Messieurs une médaille en vermeil.

M. Chaleyer, *de Firminy*.

Cet industriel , sans le secours d'associés et de commanditaires, a couru seul la chance de la création d'un établissement important à Firminy , pour la fabrication des faulx et faucilles. Le succès a justifié ses prévisions et il a doté le pays d'une fabrique de plus , marchant de pair avec ses devancières. Les produits exposés sont remarquables sous tous les rapports.

La production de cet établissement va toujours en croissant ; elle est aujourd'hui de 60,000 pièces par an, soit en faulx , soit en faucilles d'acier fondu.

Le Jury , appréciant l'avantage pour le pays du développement de la fabrique de **M.** Chaleyer, et voulant donner à cet industriel un témoignage particulier d'estime pour ses heureux efforts, lui décerne une médaille en vermeil.

Industries diverses.

MM. Chaney , *à Firminy*.

MM. Chaney frères, à Firminy, fabricants de clouterie, pelles à terre et ferronnerie, ont exposé des pelles et bêches confectionnées sans marteau ni martinet , au moyen du laminoir seul.

Cette innovation est à son début ; **MM.** Chaney construisent maintenant l'usine annexe spécialement destinée à la fabrication desdits instruments.

La fabrication des bêches et des pelles à terre, qui forme une industrie importante, n'avait eu lieu jusqu'à présent qu'à l'aide du marteau-martinet, et ces produits n'étaient livrés au commerce qu'à raison de 70 à 75 fr. les 100 kilog.

En substituant à ce procédé le laminoir avec quelques modifications, MM. Chaney espèrent que leurs produits, quoique bien supérieurs, ne dépasseront pas le prix de 55 fr. les 100 kilog.

L'avantage que ce nouveau procédé procurera à la localité mérite à cet industriel la mention honorable que le jury lui accorde.

M. **Gonard**, *à Firminy*.

Cet habile fabricant traite tous les genres de boulons, la vis à lit et une grande variété de grosses vis à bois. M. Gonard s'est toujours tenu à la tête du progrès dans son industrie. La bonne confection de ses produits provient de l'excellent état de son outillage, auquel il travaille lui-même.

M. Gonard a monté et ajusté sur châssis un martinet marchant à la courroie.

Le Jury, pour encourager les efforts et améliorations signalées, décerne à M. Gonard une médaille de bronze.

M. **Amand Desereux jeune**, *près de l'église Saint-Ennemond, à Saint-Etienne.*

La persévérance et l'habileté de ce fabricant l'ont amené à donner aux divers articles de crépinerie sortant de son atelier, une qualité et une perfection qui les font rechercher par les consommateurs. Ses produits sont avantageusement connus à Paris sous la dénomination de la marque au sabre ou à l'épée.

La concurrence qu'il a établie avec les autres producteurs a fait diminuer le prix de tous ces articles qui sont aujourd'hui à un taux très modéré.

On lui doit encore l'introduction d'une industrie assez importante, la fabrication des tenailles de menuisiers et celle des tenailles pour les maréchaux. Le commerce de Saint-Etienne les tirait précédemment de Laigle et de Rugle, pour la consommation locale ou pour les expéditions dans les autres départements. Les produits obtenus ne le cèdent en rien quant à la qualité, à l'exécution et aux prix, à ceux provenant des ateliers qui avaient jusques-là conservé la fabrication exclusive de ces articles.

Le Jury, considérant que la persévérance des efforts de M. Amand Descreux a triomphé de la concurrence, malgré des ressources restreintes et des préventions enracinées ; que de tels services rendus à la quincaillerie méritent une récompense qui soit à la fois un témoignage interprétant la reconnaissance publique et excitant l'émulation dans les diverses branches de la quincaillerie, décerne à M. Amand Descreux une médaille d'or.

M. Jean-Baptiste Descreux, *à Saint-Etienne, rue Saint-Roch.*

Le nom de DESCREUX appartient aux annales de la quincaillerie de Saint-Etienne ; depuis fort longtemps les membres de cette famille se sont en général livrés à la fabrication des outils pour cordonnier et de quelques variétés d'autres outils, notamment de ceux destinés aux fournitures des arsenaux de la marine. La préoccupation du progrès et du perfectionnement de ces articles a toujours guidé leurs travaux et amené une distinction particulière dans la forme et la qualité de leurs produits (1).

M. Jean-Baptiste Descreux a eu l'idée de placer à côté de ses cartes, une carte d'outils de cordonnier fabriqués il y a environ trente ans, par M. Noël Berger, dont le nom est encore en vénération parmi les vieux marchands de crépins, et qui méritait sa réputation à cette époque.

Le Jury a remarqué avec satisfaction combien M. Jean-Baptiste Descreux avait amélioré les formes, le fini de ses outils.

Ses produits jouissent d'une bonne réputation tant en France qu'à l'étranger.

Le Jury décerne à cet industriel une médaille d'argent grand module.

MM. Maurice et Denis Descreux frères, *rue Tarentaize, à Saint-Etienne.*

Les outils de cordonnier exposés par MM. Descreux ont paru convenablement établis.

(1) Dans la belle collection d'armes antiques exposées par M. Micol à l'Hôtel-de-Ville, il y a environ un an, se trouvait une lance qui paraissait remonter à plus de deux siècles. Elle portait le nom de Descreux Cᵉ, qui, en 1641, était fabricant de lances et remplissait les fonctions de consul à Saint-Etienne-de-Furan, avec MM. Duchon et Jean Berthon.

Le jury leur décerne, à titre d'encouragement, une médaille de bronze.

M. Blanc, *à Saint-Etienne, rue Roannelle.*

Ce fabricant a exposé quelques outils de cordonnier ; il a entrepris depuis peu de temps cet article d'une fabrication difficile.

Le jury, pour l'encourager à rester dans la lice, lui accorde une mention honorable.

Outils tranchants et d'agriculture, Outils de menuisier et Coutellerie.

Cette industrie comprend en général tous les outils qu'on désignait en France, il y a peu de temps, sous le nom d'*outils d'Allemagne,* pour indiquer les objets d'une bonne qualité courante, et sous le nom d'*outils anglais* pour ceux d'une qualité supérieure ; elle a été introduite en France par la maison Coulaux aîné, de Molsheim, il y a 25 ans à peine.

On ne saurait parler de cette industrie sans commencer par rendre hommage à cette honorable et puissante maison.

Les outils français ne tardèrent pas à surpasser en qualité les produits similaires d'Allemagne, dont il n'est presque plus question sur notre marché.

La lutte contre les outils anglais a été plus vive et a exigé de plus puissants efforts ; il fallait commencer par s'approprier les aciers fondus, cause principale de la supériorité du produit anglais. C'est à Saint–

Etienne qu'il était réservé de les produire. L'excellente qualité des aciers fondus qui sortent de nos manufactures est maintenant un fait hors de discussion, et la routine seule attribue aux aciers étrangers une supériorité qui n'existe plus.

La fabrication des outils de menuisier, et plus particulièrement des articles en acier fondu, a été introduite à Saint-Etienne en 1842, et en 1848, elle employait déjà plus de cent ouvriers (1).

Le funeste événement de 1848 et l'inondation de 1849 sont venus, coup sur coup, détruire cet établissement.

Un grand nombre d'ouvriers étrangers, qui auraient pu retourner dans leur pays, comprirent les avantages que Saint-Etienne leur offrait pour y exercer leur industrie ; ils s'y établirent pour leur compte, et bien que tous n'aient pas répondu à l'appel de la

(1) Cette industrie, qui est nouvelle et fort importante à Saint-Etienne, a été introduite par M. Auguste Granger, l'un de nos industriels les plus distingués. Le bel établissement qu'il avait fondé à grands frais à la Bernarie, sur les bords du Furens, et que les événements de 1848 et la grande inondation de 1849 détruisirent de fond en comble, devait, dans un avenir prochain, contribuer puissamment à affranchir la France du tribut onéreux qu'elle paie à l'étranger.

Toutefois, la pensée de M. Granger s'est réalisée ; la plupart des ouvriers qu'il avait fait venir ont formé des établissements particuliers qui prennent tous les jours plus de développement, et aujourd'hui cette industrie est définitivement fixée à Saint Etienne, où se trouvent réunis tous les éléments propres à lui assurer une prospérité croissante. *(Note de la Société.)*

société, ceux qui ont exposé leurs produits démontrent suffisamment que cette industrie a pris de profondes racines sur notre sol et est à tout jamais acquise à notre pays.

Avant de passer à l'examen individuel des articles exposés, nous devons ajouter que le Jury n'a pas cru devoir juger du mérite de ces outils par la seule inspection de la forme et du poli ; il a voulu en faire constater la qualité par des essais rigoureux.

A cet effet, des membres du Jury se sont présentés dans les ateliers de plusieurs exposants, et y ont choisi des outils analogues à ceux exposés, parmi lesquels on a pris aussi quelques pièces au hasard.

On a choisi également, dans plusieurs magasins de Saint-Etienne, des outils de fabrication étrangère portant les marques les plus renommées, et qu'on a pris dans le même classement de qualité, et notamment parmi ceux qu'un grand manufacturier français proclame, dans ses prix courants, *supérieurs à tout*, attendu qu'il déclare employer des *aciers fondus anglais* et des *aciers raffinés allemands*.

M. Philippe Coste, membre du Jury, entrepreneur de menuiserie, a fait faire dans ses ateliers, avec le plus grand soin, des essais comparatifs.

Les outils ont fonctionné pendant plusieurs jours, et le rapport de **M.** Philippe Coste est décisif ; les outils de Saint-Etienne, fabriqués avec les aciers du pays, ont soutenu avantageusement la lutte et sont au moins égaux en qualité aux outils portant les marques les mieux famées, soit françaises, soit étrangères.

M. Maurice Ohl, *fabricant d'outils d'Allemagne, rue des Moines.*

Cet estimable fabricant, ancien contre-maître de la fabrique de la Bernarie, a exposé une collection complète d'outils de menuisier, de monteur, de sculpteur, et une grande variété de mèches. Son modeste atelier s'accroit de jour en jour, et la réputation de sa marque lui assure un travail soutenu. Il emploie avec succès des fers raffinés, fabriqués dans les forges voisines de Saint-Etienne, et des aciers qui lui sont fournis par M. Holtzer.

Ses outils ont subi, avec le plus grand succès, les épreuves les plus redoutables.

Le Jury a placé en première ligne la remarquable exposition de M. Maurice Ohl; il lui décerne une médaille d'or.

M. Gustave Krumm, *fabricant d'outils d'Allemagne, rue Tarentaize,*

A exposé des compas, des pinces à bec et coupantes, des emporte-pièces, des sécateurs, des vilbrequins, et un grand nombre d'articles analogues. Ce fabricant est le premier en France qui soit parvenu à établir ces articles avec une grande perfection et à des prix qui ne redoutent aucune concurrence. Lors de la cessation de la fabrique de la Bernarie, dont il était un des principaux maîtres, il fut vivement sollicité de quitter Saint-Etienne; il a résisté aux sollicitations des fabricants du Nord, qui, dans un moment de chômage général, lui offraient un traité avantageux. Cet habile fabricant poursuit le progrès de sa fabrication avec une persévérance digne d'éloges; il n'emploie que d'excellentes matières premières; on lui est redevable de plusieurs innovations et perfectionnements qui font honneur à son habileté et à son intelligence. Le commerce a compris l'importance de cet établissement, aussi les commandes lui arrivent avec abondance.

Le Jury décerne à M. Gustave Krumm une médaille en vermeil.

M. Wisser, *fabricant de gros outils tranchants, rue d'Annonay,*

A exposé des doloires, bisaigües, des haches, serpes et croissants; des hachoirs et couperets de cuisine; des pioches, des pics et autres outils d'agriculture.

Il exécute sur modèles, et avec une grande précision, tous les articles destinés aux fournitures des arsenaux et à l'exportation dans les colonies.

Il emploie avec succès, pour la presque totalité de sa fabrication, des fers à la houille, et des fers raffinés des forges de la Loire pour la taillanderie fine.

Il dit dans sa notice : « Depuis que je suis à Saint-
« Etienne, je n'ai employé que des aciers des
« fabriques locales, et j'affirme que ces aciers sont
« aussi bons et quelquefois meilleurs que ceux que
« j'employais quand je fabriquais à Molsheim. Je
« prie le Jury de faire essayer mes taillants par des
« menuisiers et des charpentiers. »

Ces essais ont donné les résultats les plus satisfaisants ; il est impossible de trouver rien de meilleur. Telles sont les conclusions des hommes spéciaux qui ont procédé aux essais. La forme de ces outils a été aussi généralement appréciée.

Le Jury décerne à cet habile et intelligent ouvrier une médaille d'argent grand module.

M. Xavier Weysenbach, *fabricant de mèches, tarières, tournevis, équarrissoirs, fraises, etc., rue de la Barre,*

A exposé une collection très complète des nombreuses variétés de son industrie. Les formes sont généralement correctes, et les essais de plusieurs pièces ont donné des résultats satisfaisants. Les articles si nombreux que fabrique M. Weysenbach exigent tous une grande perfection de formes et l'emploi d'excellentes matières appropriées à cette fabrication ; nulle part on ne saurait trouver des aciers plus propices qu'à Saint-Etienne pour cet emploi. Le jury engage ce fabricant à apporter plus de soins à la précision des axes de la mèche à trois pointes, et à persister à n'employer que des aciers de premier choix, condition indispensable d'un succès complet.

Le Jury, pour récompenser les louables efforts de M. Weysenbach, reconnaît que la plus grande partie des articles qu'il a exposés sont irréprochables ; que les autres constatent un progrès très marqué, et lui décerne une médaille d'argent.

M. Aloïs Rockel, *fabricant de vilbrequins, compas, pinces à bec et à emporte-pièce, etc., rue Tarentaize.*

Les produits qui sortent de l'atelier de ce fabricant sont très variés et généralement bien établis. Le Jury a rendu justice surtout à la collection des vilbrequins qui sont d'une bonne forme et dont les prix soutiennent toutes les concurrences.

M. Rockel est dans une très bonne voie, et tout ce qu'il a exposé constate des idées de progrès. Le Jury lui décerne une médaille d'argent grand module.

M. Paulet, *taillandier, rue d'Annonay.*

La spécialité de M. Paulet est surtout pour les artibles de sa partie destinés aux fournitures des arsenaux de la marine, et les outils d'agriculture. Le Jury a signalé parmi les objets qu'il a exposés plusieurs pièces d'une fabrication remarquable, d'un bon fini et d'une excellente qualité ; des harpons et tridents de pêche, des gratte-navires et des sabres-baïonnettes dits modèles des chasseurs de Vincennes. Son atelier est d'une grande ressource pour l'établissement de nouveaux modèles d'une exécution difficile.

Le Jury décerne à M. Paulet une médaille d'argent.

M. Roblin, *taillandier, rue du Bois,*

A exposé une grande collection d'outils pour charpentiers et pour l'agriculture, de formes très variées et d'une bonne fabrication courante. Son établissement peut être fort utile aux maisons qui travaillent pour l'exportation. Quelques-unes des pièces qui composaient son tableau ont été remarquées par le Jury qui, à titre d'encouragement, lui accorde une mention honorable.

M. Michel Wagner, *aiguiseur à la Terrasse.*

M. Wagner n'a rien exposé sous son nom; mais plusieurs des exposants d'outils ont indiqué que leurs produits avaient été achevés et polis dans son aiguiserie.

Le concours de bons aiguiseurs est indispensable anx fabricants d'outils et de taillanderie. L'art de l'aiguisage est resté longtemps dans l'enfance à Saint-Etienne; le mauvais état de nos usines et les procédés routiniers qui y étaient employés ont été l'une des causes de la décadence de la quincaillerie. La Société aurait désiré que les aiguiseurs eussent pris part au concours; il faut espérer qu'à la prochaine Exposition ils répondront à notre appel.

Le Jury, pensant qu'il serait juste de récompenser M. Wagner pour les progrès qu'il a réalisés, et l'encourager à continuer à bien faire et à faire mieux encore, lui décerne une médaille de bronze.

M. Mathieu Bourgin, *rue Tarentaize,*

A exposé des compas et autres outils. Ce qu'il a exposé indique en lui de l'intelligence et l'envie de suivre le progrès; il est dans une bonne voie. Le Jury, pour l'encourager à continuer, lui décerne une médaille de bronze.

M. Bender, *fabricant de vilbrequins, rue de la Barre.*

Le Jury a examiné avec intérêt les produits de ce fabricant, qui n'a créé son atelier que depuis peu de temps. Ses essais indiquent de l'aptitude à bien faire.

Le Jury, à titre d'encouragement, accorde à **M.** Bender une mention honorable.

M. Barrallon-Varaine, *fabricant de limes et râpes, rue Villebœuf.*

M. Barrallon est le seul des nombreux fabricants de limes de Saint-Etienne qui ait répondu à l'appel de la Société industrielle; néanmoins il a représenté dignement à cette Exposition cette importante branche de l'industrie stéphanoise. Ses limes ont soutenu avec bonheur les essais comparatifs qui en ont été faits concurremment avec des limes d'Allemagne, d'Angleterre et des meilleures marques françaises. Ses râpes sont bien établies et d'une excellente qualité. Il n'emploie que des aciers de Saint-Etienne, et, comme il le dit lui-même, il n'a que l'embarras du choix pour se procurer de bonnes matières.

Le Jury, désirant témoigner sa satisfaction à cet habile fabricant, lui décerne une médaille d'argent.

M. Jean-Baptiste Bonnavion, *fabricant*

de lames de fleurets et de broches de filatures, rue Valbenoîte.

M. Bonnavion a fabriqué pendant longtemps les baguettes pour les fusils de munition, et s'est toujours distingué dans cet article.

Il fabrique aussi depuis longtemps des lames de fleurets, et sa marque jouit d'une grande réputation. Il a toujours lutté avec avantage pour la qualité et pour le prix avec Solingen qui, autrefois, était en possession de la consommation française.

Il a entrepris avec succès la fabrication des broches de filatures en acier fondu; il est à regretter qu'il n'ait pas donné à cet important article plus d'extension; il aurait pu lutter avec avantage avec les fabriques du Nord qui emploient dans leur fabrication les aciers fondus de Saint-Etienne.

M. Bonavion mérite et le Jury lui décerne une médaille de bronze.

M. Joseph Racodon, *rue de la Barre,* n° 11.

Ce fabricant mérite une mention toute spéciale pour ses clous de cordonniers dits *clous à monter.* Pendant longtemps la France tirait ses clous de Liége. Il est le premier qui ait introduit cette industrie à Saint-Etienne. Ses clous en acier ont subi avec avantage les plus fortes épreuves. Le Jury l'engage à donner de l'extension à cet article et à compléter sa fabrique en faisant le clou à monter en fer qui est d'une grande consommation.

Il fabrique aussi des chevilles à botte, des tranchets pour cordonnnier, des cheminées à piston pour fusils et des rasoirs pour les fabriques de rubans-velours.

En récompense des succès obtenus par ce fabricant intelligent, le Jury lui décerne une médaille d'argent.

M. **Bory-Duplay**, *fabricant de coutellerie, rue des Prêtres.*

Nos fabricants de petits couteaux à deux liards la pièce n'ont pas pris part à l'Exposition, et nous le regrettons vivement : nous aurions parlé avec plaisir de ces chefs-d'œuvre... de bon marché, qui sont une des gloires du vieux Saint-Etienne, et qui prouvent la puissance, en industrie, d'une bonne organisation de l'emploi du temps et de la division du travail. Nos petits couteaux, connus sous le nom d'Heustache, ont fait longtemps le désespoir des Anglais, qui n'ont pu comprendre comment on était parvenu à établir de véritables couteaux, manches en bois façonné, lames en acier trempées et polies, à 3 fr. 60 la grosse de douze douzaines, et ceux qui avaient une fourchette dans le manche à 4 fr. 75, y compris encore le bénéfice du fabricant.

Saint-Etienne a fabriqué aussi le couteau de table ordinaire depuis *un sou* jusqu'à *trois sous* la pièce, et ceux de trois sous étaient vraiment de bons couteaux, faisant très bien le service du ménage.

Les temps ont bien changé ; le couteau a suivi le progrès du luxe, et Saint-Etienne, qui comptait autrefois plus de couteliers que de fabricants d'armes, est resté en arrière.

M. Bory-Duplay, fils d'un coutelier de la vieille souche stéphanoise, a compris le déshonneur de son pays, à l'endroit des couteaux, et il a entrepris l'œuvre de sa régénération. — Il a calculé le parti qu'on pouvait tirer de l'acier fondu, et il l'emploie exclusivement pour les couteaux de prix moyen et les couteaux fins.

Les échantillons qu'il a exposés comprennent toutes les variétés depuis 1 fr. 50 la douzaine jusques aux prix les plus élevés. — Il peut, à 3 fr. la douzaine, livrer des couteaux, lame en acier fondu, manche en ébène.

Le Jury a remarqué avec satisfaction le fini du travail et la beauté du poli de la coutellerie fine. La qualité a été aussi expérimentée par plusieurs membres du Jury qui ont acheté de ces couteaux pour leur usage, et qui en font l'éloge.

Au reste, M. Bory-Duplay expédie une partie de sa fabrication à des fabricants de Langres, qui la vendent avec leur marque comme provenant de leurs propres ateliers; c'est le meilleur éloge qu'on puisse en faire.

Le Jury ne saurait trop appeler l'attention du commerce de Saint-Etienne sur cet habile et laborieux fabricant. Une commandite placée dans ses mains serait une œuvre utile et une bonne affaire. Avec une machine à vapeur de 10 à 12 chevaux, cinq ou six feux de forgeurs et un atelier de montage, M. Bory-Duplay créerait une fabrique qui ne craindrait aucune concurrence.

Le Jury, appréciant la persévérance de M. Bory-Duplay, qui, avec ses seules ressources, est arrivé à produire la coutellerie d'une manière si remarquable, et les avantages que peut procurer au pays cette industrie qui trouve partout des débouchés si considérables, lui décerne une médaille en vermeil.

MM. Riocreux père et fils, *à la Rivière, près Valbenoîte,*

Ont exposé des couteaux de table, des lames de sabre pour garde nationale et des manchettes pour les cannes à sucre. — Ils livrent ce dernier article aux maisons qui font l'exportation. La qualité de leurs produits est bonne, mais le poli laisse à désirer. Le Jury, reconnaissant néanmoins que ce reproche ne s'adresse pas directement à eux, et pour les encourager à entrer plus avant dans la voie du progrès, leur accorde une médaille de bronze.

M. Sarron fils, *rue Marthourey.*

Ce fabricant a exposé des fers à plis pour repasseuses, et des porte-mousquetons. C'est un fort bon ouvrier dont les produits sont assez estimés ; mais il persiste à vouloir travailler seul, et il ne peut suffire aux commandes qui lui sont faites.

Le Jury, pour récompenser le mérite réel des articles qui sortent de ses mains, et pour l'engager à en augmenter le produit, lui décerne une médaille de bronze.

M. Varennes fils, *rue Sainte-Barbe*,

Est le seul des fabricants de cuillers et écumoires étamées qui se soit présenté au concours.

Les échantillons qu'il a exposés constatent un progrès réel dans sa fabrication, qu'on lui a reproché quelquefois d'avoir négligé. Aux termes du programme de la Société, il contracte l'engagement moral de livrer au commerce les mêmes échantillons qu'il a exposés.

Le Jury, pour l'engager à persister dans cette bonne voie, lui décerne une médaille de bronze.

M. Valat, *fondeur, rue de la Loire*,

A exposé des robinets en cuivre d'une bonne confection. Cet article important se fabrique peu à Saint-Etienne, et est en concurrence avec de grands établissements de Lyon. Il serait important d'en fixer la fabrication dans notre pays, où il peut s'établir avec autant d'avantage que chez nos voisins. Nous espérons trouver à la prochaine Exposition **M.** Vallat avec de plus grands moyens de fabrication, et pour l'y encourager le Jury lui décerne une médaille de bronze.

M. Balp aîné, *rue de Lyon*, 16.

Ce fabricant a fait une spécialité de la poignée pour lames de fleurets ; il en établit de divers genres d'une bonne confection et à des prix convenables.

C'est lui qui a introduit cette petite industrie à Saint-Etienne. La grande quantité de lames qui s'y fabriquent , lui assurent un débouché facile des poignées.

Le Jury décerne à M. Balp ainé une médaille de bronze.

M. Jean-Claude Charles , *fabricant de roulettes de lits, rue Descours.*

Ce fabricant a toujours été l'un des meilleurs ouvriers dans son genre ; ses produits jouissent d'une bonne réputation de solidité, qualité essentielle pour l'usage auquel ils sont destinés.

Le Jury, pour engager M. Charles à persister dans cette voie, lui accorde une mention honorable.

M. Julien Court, *rue Sainte-Barbe,*

A exposé un fer à braise pour repasser le linge. Cet article, quoique d'une consommation restreinte, a pourtant quelque importance ; la fabrique de Saint-Etienne est seule en possession de livrer cet article au commerce. M. Court est l'un des bons fabricants de notre ville. Le Jury lui accorde, à titre d'encouragement, une mention honorable.

M. Piot jeune, *fabricant de lampes de mineurs, rue....*

Mérite d'être cité pour une collection de lampes qu'il a exposée. Quelque minime que soit le tribut qu'il a apporté, le Jury le remercie d'avoir compris la pensée de la Société industrielle.

M. Chenet, *serrurier, rue Villebœuf.*

Le coffre-fort doublé en tôle qu'il a exposé est bien exécuté et d'une assez belle forme. La serrure, qui est incrochetable, établie sur 7,500 combinaisons différentes, est surtout remarquable.

Le Jury lui accorde une mention honorable et une prime en numéraire de 100 fr.

M. Souchère fils, *serrurier mécanicien, rue Saint-François,*

A inventé une machine fort simple pour fabriquer des boucles de sabots, au moyen de laquelle il obtient des produits plus réguliers et de toutes les dimensions à des prix modérés.

Le Jury, pour encourager M. Souchère à faire de nouveaux efforts pour donner à ses produits les améliorations dont ils paraissent susceptibles, lui accorde une mention honorable.

M. Chauvet, *fabricant de faucilles à Firminy.*

Les produits qu'il a exposés ne laissent rien à désirer. Le Jury, pour encourager ses efforts et l'engager à donner plus d'extension à sa fabrication, lui décerne une médaille de bronze.

Le Jury ne croit pas devoir terminer son travail d'appréciation sans faire mention de quelques objets qui ont été admis à l'Exposition , bien qu'ils ne rentrent pas dans la catégorie des articles susceptibles d'être expédiés au loin.

MM. **Tranchant, Ferrand** et **Richard**

Ont exposé tous les trois des sommiers élastiques de différents modèles. Cette industrie, destinée à alimenter la consommation locale, mérite d'être encouragée. Le sommier remplace avantageusement et même économiquement le garde-paille. Une plus forte consommation permettrait sans doute à ces fabricants de réduire leurs prix, ce qui mettrait cet article à la portée de toutes les bourses.

Les trois systèmes exposés ont paru au Jury être établis dans de bonnes conditions de propreté et de solidité désirables.

En conséquence, le Jury décerne à M. Tranchand, rue Saint-Louis, une médaille de bronze, et accorde à M. Ferrand et à M. Richard, rue Royale, chacun une mention honorable.

M. **Piot,** *rue....*

A exhibé un berceau en fer verni. Ce genre de berceau présente, sous une forme convenable, une plus grande solidité. C'est un meuble de famille et indispensable aux jeunes ménages auxquels le Jury en recommande l'emploi.

Deuxième division.

Ferronnerie et ferrure de bâtiment.

M. **Georges Verrier**, *de Saint-Etienne,* *place Sainte-Barbe.*

Cet habile ouvrier possède la collection d'entrées d'armoires ou écussons la plus complète qu'il soit possible de rencontrer. Ses modèles sont si nombreux, si variés dans leurs formes et dans leurs dessins, qu'ils peuvent également satisfaire le goût et les usages de tous les pays.

Les produits de cet exposant sont remarquables par leur perfection et la délicatesse des ornements.

Le Jury décerne à M. Verrier une médaille d'argent grand module.

M. Arnaud, *de Saint-Bonnet-le-Château.*

Une partie des serrures de tous genres qui se fabriquent dans le canton de Saint-Bonnet est livrée au commerce de Saint-Etienne par l'établissement Arnaud, dont la création remonte à une époque assez reculée. Cette maison est la première qui, à Saint-Bonnet, a fait usage des machines pour la fabrication des serrures. Au moyen de ce procédé économique, elle peut livrer des serrures composées de quatre pièces, y compris la clef, au prix de 2 francs 84 centimes la douzaine.

Le Jury, pour récompenser les services rendus par ce fabricant, lui décerne une médaille en vermeil.

M. Chambonnet, *de Saint-Bonnet-le-Château.*

Cet exposant s'occupe plus particulièrement de la fabrication des serrures fines et compliquées. Celles produites ont été reconnues d'une belle exécution ; seulement, il serait à désirer, pour les rendre d'un usage plus général, que leur prix fût un peu moins élevé.

Le Jury accorde à M. Chambonnet une médaille d'argent.

M. Durafour, *de Saint-Etienne, cours Saint-Paul.*

Cet industriel vient d'ajouter à sa fabrication d'objets divers de quincaillerie, un atelier où s'exécutent toutes sortes de serrures, au moyen d'un nouveau procédé mécanique qui lui permet de livrer ces derniers produits à un prix inférieur. Parmi les serrures exposées, on a surtout remarqué celles à quatre pièces y compris la clef.

Le Jury, persuadé qu'il sera donné à ce nouvel établissement tout le développement dont il est susceptible, et qu'il sera apporté dans cette branche d'industrie les améliorations désirables, décerne une médaille d'argent grand module à M. Durafour.

M. Roure-Aguillon, *de Saint-Etienne, rue de la Loire.*

L'établissement de serrurerie de M. Aguillon remonte déjà à quelques années.

Il est le premier qui a introduit à Saint-Etienne l'emploi des machines pour ce genre de fabrication. Ses produits, qui ne laissent rien à désirer, sont fournis aux consommateurs à des prix modérés.

En récompense des services rendus à la localité par M. Roure-Aguillon, le Jury lui accorde une médaille d'argent grand module.

MM. Michalon frères, *quincaillers à Saint-Etienne, rue Tarentaize.*

Les serrures et autres articles qui s'y rattachent, provenant des ateliers de ces fabricants et obtenus à l'aide de procédés mécaniques , sont bien exécutés ; toutefois, le Jury pense que ces Messieurs peuvent faire encore mieux.

Pour les engager à améliorer leurs produits, le Jury leur décerne une médaille de bronze.

M. Chauvelon, *serrurier à Saint-Etienne, rue de la Loire.*

Cet industriel a exposé un verrou et une clinche de sûreté incrochetable d'un nouveau système.

En récompense de ses efforts et pour l'engager à chercher les moyens de pouvoir réduire le prix de ses articles, le Jury accorde au sieur Chauvelon une mention honorable.

M. Gaucher-Villeret, *serrurier à Saint-Etienne, rue Nouvelle-Epreuve.*

Les serrures à timbre et incrochetables exposées par ce maître ouvrier sont d'un mécanisme aussi simple qu'ingénieux.

Il mérite une mention honorable, que le Jury lui accorde.

M. Chapelon-Bonnefoy, *de Saint-Etienne, rue Roannelle.*

Les améliorations apportées par cet industriel dans

la fabrication de la serrurerie sont assez importantes. On a remarqué sa belle serrure à secret, établie d'après un nouveau système, mais plus encore celle à trois pièces y compris la clef, qui peut s'exécuter au découpoir et être livrée à très bas prix.

Le Jury, dans la persuasion que M. Chapelon continuera ses efforts, non pas seulement pour rechercher les moyens d'améliorer les articles de la serrurerie, mais encore pour faire progresser divers produits de la quincaillerie, accorde à ce maître ouvrier une prime en numéraire de deux cents francs.

M. Roure-Girkler, *à Saint-Etienne, rue Saint-Paul.*

La fabrication des fiches était autrefois à Saint-Etienne d'une grande importance ; mais, depuis quelques années, Charleville s'était emparé d'une partie des principaux débouchés. Ces produits, bien qu'ils fussent inférieurs, obtenaient néanmoins la préférence en raison de leur bas prix. M. Roure a été assez heureux pour ramener cette fabrication à Saint-Etienne, en employant divers outillages lui permettant de donner plus de perfection aux produits et de les livrer au commerce à meilleur marché.

L'établissement de M. Roure, qui progresse tous les jours, peut aujourd'hui produire chaque année deux cent mille articles.

Le Jury félicite ce fabricant des succès qu'il a obtenus, et lui décerne une médaille de bronze.

M. Perrin jeune, *rue impasse des Carrières, à Saint-Etienne.*

Dans la persuasion que **M.** Perrin apportera pour les targettes et les verroux sortant de son atelier les améliorations dont ils paraissent succeptibles, et surtout qu'il réduira les prix cotés, le Jury lui accorde une mention honorable.

M. Philibert Terrat jeune, *à Saint-Etienne, rue Tarentaize.*

Les fiches exposées par ce producteur sont assez bien confectionnées; mais leur prix est un peu élevé.

En attendant que **M.** Terrat remplisse plus **tard** les deux conditions de bonne fabrication et du bon marché, le Jury lui accorde une mention honorable.

MM. Fournel frères, *de Saint-Chamond.*

Le Jury regrette que parmi les nombreux industriels de l'arrondissement qui se livrent à la fabrication des clous, **MM.** Fournel soient les seuls qui aient pris part au concours.

La fabrique de clouterie en tous genres de **MM.** Fournel, établie en rivalité des fabriques de Charleville, a réussi à ramener l'acheteur dans nos contrées, d'où il s'était éloigné par suite des prix avantageux et de la meilleure confection, sous le double rapport de la forme et de la qualité des articles livrés au commerce par nos concurrents des Ardennes.

La décadence de la clouterie dans l'arrondissement

de Saint-Etienne, industrie pratiquée depuis un temps immémorial, tenait à la persévérance des ouvriers dans des habitudes de routine, à l'emploi de fer de qualité inférieure, et surtout à l'abus du système des déchets, sur lequel le négociant, comme l'ouvrier en clouterie, spéculait, sans songer au maintien de la qualité et au perfectionnement de la forme. D'un autre côté, l'outillage employé par l'ouvrier travaillant en général à domicile et isolément, étant imparfait, insuffisant, l'article fabriqué laissait un champ libre et facile à la concurrence qui avait adopté les voies de progrès et la réunion des travailleurs en ateliers. Là, le fabricant, l'ouvrier, provoquait l'émulation, et, sous cette influence salutaire, le travail se perfectionnait pour le profit de tous.

MM. Fournel ont heureusement compris que dans la Loire, où le fer et la houille sont à la disposition du travailleur, il fallait hardiment imiter l'exemple des Ardennes, former des ateliers, concentrer les bras, l'outillage. Ils ont donc créé leur fabrique : le succès qu'ils ont obtenu les a récompensés de leur initiative. Si, comme il y a lieu de l'espérer, ce mode de rénovation de la clouterie est suivi à St-Chamond, au Chambon, Firminy et autres communes où cette industrie est à l'état de pratique traditionnelle, nul doute que la clouterie dans nos contrées retrouvera la faveur séculaire dont elle a joui.

Le Jury, appréciant la qualité, la forme des articles exposés, d'une variété de plus de cent espèces, les avantages généraux de l'exemple donné par MM. Fournel, leur décerne une médaille d'argent.

M. Cayrol, *mécanicien, rue Valbenoîte, à Saint-Etienne.*

Les fermetures de M. Cayrol sont remarquables par la variété des systèmes dont l'application peut être faite à toute espèce de devantures, même à celles placées dans des conditions difficiles. Quelle que soit la grandeur des ouvertures et l'exiguité des espaces destinés à recevoir les volets, on peut déployer et replier les derniers sans grande complication et d'une manière solide.

Les doubles charnières méritent une attention particulière, comme disposition de forme et d'articulation. Le châssis mobile, servant à loger un paquet de volets derrière une boiserie d'embrasure, présente une facilité de jeu et une précision parfaite d'exécution.

D'autres détails moins importants, mais concourant tous à la perfection de l'ensemble, prouvent les consciencieuses et minutieuses études de M. Cayrol. Ainsi, pour éviter l'effet du poids des volets tendant à fatiguer les charnières, des pannetons sont fixés au bas de chaque feuille, et au fur et mesure que celles-ci sont poussées, ces pannetons pénètrent dans de petites douilles ou gaches entaillées dans la boiserie. Par ce moyen, ce qui reste à déployer ne pèse que sur les charnières de la dernière feuille retenue. De plus et au moyen d'un genre de déclic très ingénieux, tout l'ensemble des volets étant fixé, on peut à volonté ouvrir de l'intérieur ou de l'extérieur, la porte d'entrée emportant son compartiment de volets avec elle, tandis que les autres restent fermés.

On comprendra l'importance que peut avoir l'invention du sieur Cayrol, si l'on songe aux exigences des boutiquiers qui, surtout dans les temps actuels, basent le succès de leur vente sur l'étalage ; à tout prix, ils veulent du jour, de l'espace, de l'élégance, de la commodité et de la sûreté. Or, le système Cayrol offre une série de combinaisons pouvant satisfaire le commerce dans toute espèce de cas.

Il est vrai que cet exposant n'est pas de la localité, et qu'il y est venu dans l'intention d'exploiter un brevet ; mais il est constant que ses nouvelles ferrures peuvent concourrir à augmenter les produits de l'industrie stéphanoise, et qu'à ce point de vue seul il mérite l'attention de la Commission.

Toutefois, nous devons faire observer au sieur Cayrol que l'emploi de la fonte maléable ne présente pas toutes les garanties désirables, et que si la difficulté de l'exécution de ses charnières en fer forgé apporte des obstacles au succès de son entreprise, il faudrait au moins recourir à l'emploi d'une matière fusible, moins fragile et plus durable.

Le Jury, convaincu de la nécessité de propager ce nouveau système de fermeture et de l'opportunité d'encourager l'inventeur, lui décerne une médaille d'argent.

M. **Antoine Michel**, *de Saint-Chamond.* — *Parquets.*

M. Michel, fabricant de lacets distingué, n'a pas borné ses soins à cette industrie. Tout en se faisant

remarquer comme agriculteur par l'adoption de nouvelles méthodes bien appropriées au sol, il s'est
occupé d'un nouveau système de dessication du
bois; ayant réussi, il a imaginé un procédé nouveau
de parquets pour lequel il a obtenu un brevet du
Gouvernement.

Différents modèles de parquets de sa fabrication ont
été exposés.

Ces parquets sont établis par carreaux de diverses
dimensions produisant une variété infinie de dessins.
Ils se placent indifféremment sur planches ou sur
lambourdes, sur carreaux, briques, marbre ou
pierre, sans endommager l'appartement; leur enlèvement est facile, sans détérioration. Il y a solidité;
l'inconvénient de glisser à sa surface est évité parce
que le fil du bois de chaque carreau étant contrarié ne
présente jamais le même sens, mode qui empêche le
retrait qui se manifeste généralement dans les autres
parquets.

Le Jury, après avoir examiné avec intérêt les nombreux spécimens exposés, dont les prix sont très
variés, croit devoir en recommander l'emploi.

Il regrette vivement que le règlement de la Société
ne permette à aucun de ses membres de prendre part
au concours ouvert par elle. Sans cette circonstance,
M. Michel aurait plus d'une fois obtenu la récompense
due à sa persévérance et à ses longs travaux comme
industriel et comme agriculteur.

DEUXIEME SECTION.

—

ARQUEBUSERIE.

—

Si l'histoire locale n'a pas gardé le souvenir de l'époque précise à laquelle fut introduite à Saint-Etienne la fabrication des armes à feu pour la chasse et la guerre, toujours est-il qu'elle remonte à un temps fort reculé (1). Pendant une longue suite d'années, elle resta stationnaire ; mais sous le règne de Louis XIV, elle prit, comme les autres branches de l'industrie stéphanoise, un très-grand développement.

A cette époque, l'art de la gravure et de la ciselure était déjà en honneur parmi nous, et la ville de Saint-Etienne , renommée par ses manufactures, encourageait et cultivait cette brillante industrie qui fit des progrès rapides. Les armes de chasse et les

(1) Quelques historiens rapportent qu'en l'année 1516, François 1er envoya à Saint-Etienne l'ingénieur Virgile, pour y établir une manufacture d'armes à feu ; d'autres, au contraire, donnent une origine plus ancienne à la fabrication des armes en cette ville.

Selon l'abbé de Soleysel, le père Fodéré et M. de La Mure, « Childebert, 6e roi de France, et son frère Clotaire , seraient » venus en 543 à Furanum (Saint-Etienne de Furan), chercher » des armes pour soutenir la guerre contre l'Espagne. Ils y » furent rencontrés par Saint-Maur, qui les engagea à y bâtir » une Eglise. »

pistolets de luxe, ornés par la gravure et la ciselure, et quelquefois enrichis de précieux métaux ou de pierres fines, étaient exportés dans toutes les parties du globe et surtout en Orient.

Cette richesse d'ornementation se réflétait de la splendeur de la cour de Louis XIV. L'arquebuserie devint l'industrie la plus importante de la cité : elle répandit l'aisance dans les communes environnantes, excita l'émulation et fit naître une foule d'artistes dont les talents rehaussèrent l'éclat de nos manufactures. C'est de cette école que sortirent plus tard les Dupré, graveur général des monnaies de France, les Dumarest, les Galle, tous les trois membres de l'Institut, les Jaley, les Montagny et autres dont la plupart, avant d'arriver à la célébrité, gravèrent longtemps des armes à Saint-Etienne.

Le peu de temps donné aux préparatifs de l'exposition n'a pas permis à la partie de l'ornementation de prendre part au concours ; mais, en revanche, la partie du canon a été dignement représentée : 38 canons doubles, 6 canons simples, une carabine et une paire de pistolets de tir formaient une riche variété de ces mille combinaisons du fer et de l'acier qui ont été si heureusement étudiées par nos laborieux et habiles fabricants de canons. La solidité de ceux qu'ils ont exposés était non-seulement constatée, comme c'est l'habitude, par le poinçon de l'épreuve publique de notre ville , mais encore presque tous les canons avaient subi deux fois cette épreuve réglementaire et ils portaient conséquemment le double poinçon. Quelques-uns mêmes, les canons simples plus particulièrement, ont été soumis à des essais extraordinaires dont on verra le détail dans le rapport ci-après.

Ces épreuves et l'examen auxquels s'est livré un Jury éminemment compétent, ont démontré que les canons de la fabrique de Saint-Etienne conservent leur réputation traditionnelle de supériorité, et que nos ouvriers canonniers peuvent défier, avec avantage, les meilleurs artistes de Paris et de l'étranger, tant sous le rapport de la solidité du travail que sous celui du fini. On sait d'ailleurs que depuis longtemps, les canons de notre manufacture d'armes de guerre sont hors de concours pour le dressage, et que pour le mélange des matières, rien encore d'aussi beau que nos damas n'a été offert au commerce.

M. Breuil-Glaise, *maître canonnier, rue Saint-Roch.*

Le canon présenté par M. Breuil-Glaise a été forgé par un procédé particulier apportant une grande économie dans l'emploi de l'étoffe damassée, nécessaire à sa confection, et permettant de livrer ce genre de canons à un prix bien inférieur à celui des qualités égales achetées ordinairement dans le commerce.

On connaît, en outre, les continuels et heureux efforts de M. Breuil-Glaise, accomplis depuis plus de vingt ans, pour perfectionner les diverses compositions de damas, dont les effets sont variés, soit par une distribution en zônes alternées dans la longueur du tube, soit en les vissant les uns à côté des autres dans le sens d'une double hélice.

C'est en 1846, que M. Breuil-Glaise eut l'heureuse idée d'établir un laminoir pour pouvoir fournir à la consommation de tous ses confrères , au prix moyen de trois centimes, la bande inférieure de nos canons doubles , laquelle antérieurement forgée et creusée par l'ancienne méthode ne revenait pas à moins de vingt-cinq centimes à chaque canonnier.

Le Jury, appréciant les avantages que cette invention apporte à la fabrication des armes, indépendamment des progrès réels réalisés par l'exposant dans cette industrie, lui décerne une médaille d'or.

M. Ronchard-Siauve, *canonnier à l'Heurton.*
La nombreuse exposition des divers genres de canons de M. Ronchard-Siauve se distingue surtout par un mélange heureux et artistement combiné des matières premières. Trois canons doubles présentent jusqu'à quinze et même dix-huit variétés de damas dans leur longueur. Quelques-uns des dessins remarqués avaient été composés dans l'atelier de M. Breuil-Glaise, chez lequel M. Ronchard a longtemps travaillé ; aussi, est-il juste de dire, que c'est en grande partie à ces deux habiles canonniers que l'arquebuserie de Saint-Etienne est redevable de la supériorité des damas pour canons. Trois ou quatre de ceux de M. Ronchard-Siauve sont polis intérieurement *en long*, soit parallèlement à leur axe. Ce procédé très

ancien, indiqué dans un ouvrage récent par nos voisins d'outre-mer comme un perfectionnement de leur invention, était déjà pratiqué en France à la fin du siècle dernier, et plus fréquemment encore à Saint-Etienne en 1807, par les bons maîtres alors en réputation, tels que les Giraud-Dumarest, les Merley-Duon, les Merley-London, etc.

L'épreuve légale de l'un de ces canons doubles presque fini, d'un poids au-dessous du moyen, la soudure avec un alliage d'étain, de plomb et d'un autre métal très fusible, dont on fait encore un secret, enfin le martelage à froid de chaque tube pour en augmenter l'élasticité et la résistance, ont été tentés avec succès par M. Ronchard.

Le Jury, en raison des différents titres de l'exposant à une récompense particulière, lui décerne une médaille en vermeil.

M. Chaleyer-Doron, *canonnier, rue Villebœuf.*

L'exposant a présenté six canons doubles ; quatre ont été éprouvés deux fois, le cinquième et le sixième une fois seulement. Tous sont dans de bonnes proportions, leur damas est d'un effet agréable; celui frisé est très fin et bien forgé.

Le Jury décerne à M. Chaleyer-Doron une médaille d'argent.

M. Couturier-Fournier, *canonnier, place Chavanelle.*

Le canon double présenté par cet exposant a résisté à une première charge plus forte que celle réglementaire; il a été soumis avec succès à une seconde épreuve avec la charge voulue. Sa forme, quoique ancienne, est bonne ; le tonnerre surtout est parfaitement dressé.

Il y a lieu de rappeler qu'en 1844, cet habile ouvrier forgea l'un des canons simples qui résistèrent à cinq charges successives et croissantes, commencées avec vingt grammes de poudre et cent vingt grammes de plomb, et poussées jusqu'à soixante grammes de poudre et trois cent vingt grammes de plomb.

Le canon d'essai ne pesait que 859 grammes, la longueur était de 71 centimètres et son calibre de 17 millimètres.

Le Jury décerne à cet excellent forgeur une médaille d'argent.

M. Doron-Jourgeon, *canonnier, rue Croix-Courette.*

Le Jury accorde une citation favorable à l'exposant pour son canon double octogone d'un bout à l'autre, en mentionnant également son canon simple qui a résisté à d'énormes charges.

M. Merley-Delmont, *canonnier, rue Saint-Roch.*

Les deux canons présentés par l'exposant sont remarquables par la beauté du damas, le fini du travail, la modération du prix, et enfin ils ont le mérite d'avoir supporté deux épreuves.

Le Jury décerne à cet excellent canonnier une médaille d'argent.

M. Merley-Tamet, *canonnier, rue...*

Le canon présenté, ayant très bien résisté à deux épreuves successives, le Jury accorde à l'exposant une citation favorable.

MM. Veyron frères, *canonniers, rue Croix-Courette.*

Les trois canons exposés par ces Messieurs, offrent un grand travail de filets en ogive relevés à l'extérieur. Le damas du n° 3 est d'un bel effet.

Le Jury décerne aux exposants une médaille de bronze.

M. Rebaud-Montillet, *canonnier, rue du Haut-Verney.*

Le canon simple exposé, forgé en septembre 1844, est le premier qui ait résisté, sans autre détérioration que des gonflements annulaires aux cinq charges successives et croissantes ci-après détaillées, savoir :

1re *charge* : poudre, 20 gram., plomb, 120 gram. au poids, 4 balles 4⁄5°.
2° *id.*   id.   30 id.   id.   180 id.   »   7 id.   1⁄5°.
3° *id.*   id.   40 id.   id.   240 id.   »   9 id.   2⁄5¼.
4° *id.*   1d.   50 id.   id.   300 id.   »   12 id.   »
5° *id.*   id.   60 id.   id.   320 id.   »   12 id.   4⁄5°.

Le poids de ce canon n'est cependant que de huit

cent quarante grammes, sa longueur de soixante-dix
centimètres, et son calibre de dix-sept millimètres.

Tout en regrettant que ce remarquable forgeur,
actuellement reviseur à la manufacture impériale de
Saint-Etienne, n'ait pu présenter à l'exposition quelques-uns de ses canons doubles, le Jury lui accorde
une mention honorable.

M. Fournier-Fayolle, *canonnier, décédé en
avril 1853.*

Postérieurement à l'exposition , M. Fournier-
Fayolle est décédé à Saint-Etienne.

Le Jury, s'associant aux regrets que la perte de cet
habile ouvrier inspire, a décidé qu'une notice détail-
lée serait insérée dans le Rapport sur le canon exposé.

Ce canon forgé à la même époque que le précé-
dent, a subi les mêmes épreuves ; seulement le ruban
s'est déroulé de la troisième à la cinquième charge,
dans une longueur de neuf centimètres environ.

L'armurerie est redevable aux longs travaux de ce
canonnier des premiers canons moirés ou à rubans
réguliers, démontrant la supériorité des moyens de la
fabrication stéphanoise sur les fabriques étrangères.

Le canon en acier fondu ayant successivement
résisté aux huit charges ci-après mentionnées, a été
terminé par le défunt.

Ce canon , d'une longueur de 0^m92, du calibre de
0,0 , ne pèse que 1 kilogr. 510 grammes.

Détail des charges.

	Poudre.	Balle sphérique.	Hauteur des charges
1ʳᵉ *charge* dite d'épreuve ordinaire :	20 gr.	1	0,013
2ᵉ *id.* dite à l'extraordinaire :	30 gr.	2	0,150
3ᵉ *id.* dite surcharge : . .	40 gr.	3	0,214
4ᵉ *id.*	50 gr.	4	0,284
5ᵉ *id.*	60 gr.	6	0,337
6ᵉ *id.*	70 gr.	8	0.404
7ᵉ *id.*	80 gr.	10	0,484
8ᵉ *id.*	90 gr.	12	0,567

Poids de chaque balle sphérique : 25 6[10ᵉ

M. **Crepet-Beraud**, *canonnier, rue...*

Les canons de MM. Crepet-Beraud et Doron-Jourgeon, l'un de 68 centimètres de long, de 18 millimètres de calibre et du poids d'un kilogramme 315 grammes, l'autre de 77 centimètres de long, du calibre de 18 millimètres et du poids d'un kilogramme 595 grammes, ont supporté les six charges ci-après détaillées :

1ʳᵉ *charge :* poudre, 30 g., plomb, 200 g., hauteur de la charge, 23 c. 1[2.
2ᵉ *id.*	id.	40	id.	250	id.	id.	28	
3ᵉ *id.*	id.	50	id.	300	id.	id.	36	1[2.
4ᵉ *id.*	id.	60	id.	320	id.	id.	41	
5ᵉ *id.*	id.	70	id.	340	id.	id.	45	1[2.
6ᵉ *id.*	id.	80	id.	360	id.	id.	48	1[2.

Le canon Doron-Jourgeon s'est élargi d'un millimètre, et celui de Crepet-Beraud de 2[10ᵉ de millimètre.

Le Jury accorde à chacun de ces canonniers une citation favorable.

En l'état, le Jury croit devoir insérer dans son rapport la copie du procès-verbal de l'essai fait par l'éprouveur juré de Saint-Etienne, d'un canon en acier fondu terminé par M. Ronchard-Siauve, d'une longueur de 78 centimètres, et du calibre de 17 millimètres 8ı10°, pesant un kilogramme. Ce canon a résisté aux cinq charges dont le détail suit :

1ʳᵉ *charge* dite d'épreuve ordʳᵉ: pʳᵉ 22 g. balle sphér. du pᵈ de 29 g. 5ı10ᵉ.
sans gonflement.
2ᵉ *id*. id. extʳᵉ : id. 28 id. id. 29 g. 2ı10ᵉ.
sans gonflement.
3ᵉ *id*. id. surcharge : id. 40 id. id. 29 g. 3ı10ᵉ.
1ᵉʳ gonflement·
4ᵉ *id*. id. id. id. 50 id. id. 29 g. 4ı10ᵉ.
2ᵉ gonflement.
5ᵉ *id*. id. id. id. 60 id. id. 29 g. 5ı10ᵉ.
3ᵉ gonflement.

Cette force de cohésion énorme, en raison du poids de ce canon, de son calibre et de sa longueur, démontre évidemment la supériorité de l'acier fondu sur toutes autres matières ; aussi, dans une ville où les fabriques de ce précieux métal sont si nombreuses et si bien outillées, le Jury croit devoir engager les maîtres canonniers à préférer l'acier fondu doux aux autres mélanges de fer et d'acier composés à grands frais, et avec des soins infinis.

Le Jury croit être certain des bonnes dispositions des fabricants d'acier pour la fourniture des qualités qui conviendraient le mieux à la confection des canons. Il ne serait même pas impossible que des tubes fondus creux fussent livrés aux canonniers qui n'auraient plus qu'à les reforger pour les resserrer et les aléser ensuite, moyen à l'aide duquel on obtiendrait des armes d'une qualité supérieure comme résistance, et d'un maniement bien préférable comme légèreté à tout ce qui a été fait jusqu'à ce jour.

Enfin, il paraît certain que l'entrepreneur de la manufacture impériale d'armes de Saint-Etienne, voulant concourir aux progrès de l'armurerie, se propose de faire fabriquer un canon double en acier fondu pour un fusil de luxe, dont la destination peut assurer un puissant appui à l'armurerie stéphanoise (1).

Platines.

MM. **Antoine Murat fils aîné,** et **Benoit Souchon,** *platineurs à Latour.*

Trois paires de platines seulement ont été exposées par ces Messieurs.

La paire de platine de **M.** Murat aîné, construite selon les meilleurs principes héréditaires, du reste, dans cette famille, est d'un fini et d'un ajustage parfaits. Les grands ressorts ont une vigueur et une élasticité remarquables.

---

(1) On peut voir au musée d'artillerie de notre ville les deux canons d'un damas particulier, forgés par MM. Crépet-Beraud et Doron-Jourgeon. Ils ont été donnés au musée par M. Berger. On trouvera aussi dans ce même musée les trois canons damas et les trois canons acier fondu forgés ou terminés par MM Rebaud-Montillet, Fournier-Fayolle, Couturier-Fournier et Ronchard-Siauve ; ils ont également été donnés par M. Jalabert-Roccoffort, ancien fabricant d'armes et directeur de ce musée.

Toutefois, il convient de recommander à M. Mura Antoine fils aîné, pour les rouleaux des brides, les soins de parité que son père apportait scrupuleusement dans toutes les pièces qui sortaient de son atelier.

Sous le bénéfice de l'observation qui précède, le Jury, appréciant le mérite du travail de l'exposant, lui décerne une médaille en vermeil.

Les deux paires de platines exposées par M. Souchon Benoît, sont de qualité au-dessus de la moyenne.

Le Jury, voulant encourager ce jeune platineur plein de goût et d'avenir, lui décerne une médaille d'argent.

Monture de l'arme et autres pièces.

M. Poudeyron fils, *monteur, rue Royale.*

L'arme exposée est très remarquable, soit pour l'ajustage des platines, soit pour l'exactitude de la mise en bois et par le parfait aplomb de chaque pièce. La grâce de l'arrondissage, la hardiesse et la netteté de la coupe, indiquent un ouvrier excellent, élève de l'un de nos premiers maîtres, et promettant pour l'avenir un talent hors ligne.

Le Jury décerne à ce jeune ouvrier une médaille en vermeil.

M. Gonon fils, *monteur, rue Villebœuf.*

Le bois de l'exposant, s'il prend rang en seconde

ligne, ne mérite pas moins des éloges, en raison des gracieux contours donnés à chacune des pièces de la garniture, de la mise en bois irréprochable, malgré la difficulté qu'elle présentait, et enfin de l'aplomb de l'arme entière.

Ce jeune artiste répond dignement aux leçons et aux excellents principes que lui donne son père.

Le Jury lui décerne une médaille d'argent.

Pistolets.

MM. 1° **Dessaigne,** *rue du Jeu-de-l'Arc ;* 2° **Vincent,** *rue Saint-Roch ;* 3° **Crozet,** *rue de la Vierge ;* 4° **Javelle aîné,** *rue....*

Ces quatre fabricants ont exposés des armes riches et de bonne qualité ; dans celles simples, les pistolets même à trois francs la paire, ont supporté l'épreuve légale et sont revêtus du poinçon constatant cet essai.

Le Jury accorde une citation favorable à chacun de MM. Dessaigne, Vincent, Crozet et Javelle aîné.

M. **Plot fils,** *rue de la Mulatière.*

Les produits de ce fabricant sont appelés à rivaliser avantageusement avec ceux similaires de la Belgique. Les pistolets se recommandent surtout par la grande variété des modèles et leur fini particulier.

Le Jury décerne à M. Plot fils une médaille de bronze.

M. Michel Javelle jeune, *rue...*

L'exposant a fait faire un pas à la fabrication du pistolet de salon. Sa nouvelle invention de cheminée mobile permet de substituer à la capsule à bulle et aux gros plombs, maintenus à un prix trop élevé, la capsule ordinaire et les petits plombs. L'acquisition peu dispendieuse de ces petites armes, la notable économie apportée dans leur usage en rendent l'emploi plus général.

Le Jury décerne à M. Michel Javelle jeune une médaille d'argent.

M. Rochat, *rue de la Vierge.*

L'exposant a présenté un pistolet de salon pour cartouche à balle d'un prix très réduit, de plus un fusil d'enfant d'un gracieux modèle.

Toutes les armes fabriquées par M. Rochat sont enlevées par les commissionnaires en arquebuserie, ou même par les fabricants de Liége qui ont des maisons de commerce à Paris. Le beau poli qu'il sait donner à ses armes, la grâce de leurs contours, justifient complètement à l'avantage de la fabrique stéphanoise, la préférence que lui accordent les maisons de la Belgique sur leurs produits nationaux, et la communication quelles lui donnent des modèles à leur convenance.

Le Jury décerne à M. Rochat une médaille d'argent.

M. Robert-Millian, *rue de la Mulatière.*

La collection des pistolets de l'exposant est d'une

bonne fabrication, mais ce qui est le plus particulièrement remarquable c'est la belle exécution de ses tire-bourres, tire-balles et têtes de baguettes combinés pour plusieurs effets.

Le Jury décerne à M. Robert-Millian une médaille de bronze.

M. **Roux-Rebaud,** *rue de la Mulatière.*
Le Jury décerne à cet exposant une médaille de bronze pour ses plaques de couche à nécessaires et ses baïonnettes corses.

M. **Fournel,** *fabricant de moules à balles.*
Le Jury, appréciant le soin donné aux articles présentés par l'exposant, lui décerne une médaille de bronze.

M. **Montagnon-Renard,** *fabricant de sous-gardes, rue Royet.*
Le Jury accorde une mention honorable à cet exposant pour ses trois sous-gardes, en lui recommandant toutefois de viser de plus en plus à la netteté du travail.

M. **Peyron,** *fabricant de sous-gardes, rue Villebœuf.*
Le Jury accorde également une mention honorable à cet exposant qui a présenté une pièce bien assise et d'une bonne confection.

M. Chovet, *sculpteur sur bois, rue...*

Le travail de cet exposant accuse une coupe hardie et une extrême légèreté de main. Il est à regretter que cet excellent sculpteur n'ait pas présenté un ouvrage plus sérieux, pour lequel il eût certainement obtenu plus que la citation favorable que le Jury lui accorde.

M. Gachet fils, *basculeur, rue Villebœuf.*

L'exposant a présenté une bascule à crochets rossés, travail qui mérite d'être encouragé. Il a aussi déposé au musée d'artillerie un atelier de basculeur à l'échelle du 20ᵉ. Cet ouvrage de goût et de patience ne manque pas de mérite.

Le Jury accorde à **M.** Gachet fils une prime de cinquante francs.

M. Bonnefoy fils, *passeur en couleur, place Chavanelle.*

Les couleurs de rouille de l'exposant présentent des teintes bien nourries et qui laissent cependant appercevoir toutes les nuances du damas.

Le Jury décerne à **M.** Bonnefoy fils une médaille de bronze.

M. Chaumat fils, *passeur en couleur, rue Croix-Courette.*

L'imitation de tous les genres de damas de **M.** Chaumat est la meilleure qui, jusqu'à ce jour, ait été essayée.

Le Jury décerne à cet exposant une médaille de bronze.

M. Etienne Rochette, *armurier*, *Grande-Rue...*

L'exposant a présenté un fusil Lefaucheux garni de cartouches en acier fondu, dont l'emploi exigera nécessairement un nettoiement très fréquent, mais dont la durée sera supérieure à celle des douilles en cuivre employées jusqu'à ce jour.

La clef de ce fusil et son pontet de sous-garde sont découpés à jour ou contournés en élégantes volutes. L'invention du dessin et le moelleux des contours égalent les plus beaux ouvrages en ce genre qui nous ont été légués par le moyen-âge. Le Jury a surtout remarqué la suppression du grain en platine placé ordinairement sur le côté de nos eulasses à foudre, pour faciliter la communication du feu de la capsule à la charge de poudre. Le trou capillaire qu'on forait au milieu de ce grain, a été pratiqué par M. Rochette dans la base de la cheminée, opération beaucoup plus facile et beaucoup plus économique.

Il convient de rappeler que M. Rochette est celui de tous les armuriers de Saint-Etienne qui a le plus travaillé à l'exécution du beau fusil exposé par M. Berger en 1849 ; qu'en outre, envoyé à Londres par la Chambre de Commerce, il en a rapporté de précieux modèles et des renseignements pour l'arquebuserie.

Le Jury décerne à M. Rochette, comme récompense méritée à juste titre, une médaille d'or.

M. Berger, *fabricant d'armes, place Cha-vanelle.*

Cet exposant a présenté quatre fusils, crosses recouvertes en fer. Dans l'emploi de ce métal incontestablement plus lourd que le bois, M. Berger a montré un talent remarquable, car son fusil est parfaitement combiné, sous le triple rapport de la solidité, de l'élégance et de la légèreté. Quant au système de sûreté de sa sous-garde, il faut attendre la sanction de l'usage pour pouvoir l'apprécier.

Le Jury décerne à M. Berger une médaille d'argent.

M. Brunel, *arquebusier, rue Saint-Roch.*

Le Jury, après avoir particulièrement remarqué le système de sûreté de la sous-garde du fusil de M. Brunel, la belle exécution du travail compliqué du reste de l'arme, lui décerne une médaille de bronze.

M. Verney - Carron , *arquebusier, place Notre-Dame.*

Le fusil de l'exposant porte aussi un système de sûreté à la sous-garde dont le mécanisme est extrêmement simple. La tête des chiens de ses platines est disposée de manière à fermer complètement l'orifice d'un vase qui enveloppe la cheminée. Cette disposition arrête complètement les éclats de capsules toujours incommodes et parfois dangereux.

Ce dernier système demande, pour être jugé, la sanction de l'expérience.

Le Jury accorde à M. Verney-Carron une citation favorable.

M. Tourette, *arquebusier, rue du Verney.*

Le Jury accorde également une citation favorable à l'exposant pour son système de fusil, connu cependant depuis longtemps.

M. Jean-Baptiste Garde, *armurier, rue Valbenoîte.*

L'exposant a présenté des fusils et des pistolets dont les gravures et les incrustations, soit en or, soit en argent sont d'un bel effet.

Le Jury lui accorde une citation favorable.

M. Dumas, *arquebusier, place Chavanelle.*

Le Jury accorde à l'exposant une citation favorable pour la platine présentée ; son mécanisme est très simple, mais il mérite cependant d'être signalé.

TROISIÈME SECTION.

—

RUBANNERIE.

—

Cette brillante et importante industrie, que les puissances voisines convoitent depuis si longtemps, occupe ordinairement trente mille ouvriers et produit, année commune, pour soixante-cinq millions de rubans de tous genres.

A Saint-Etienne, le métier de ruban est d'un poids considérable, étant composé d'une quantité de morceaux de chêne et de noyer dont la force doit être d'autant plus grande que la pièce supérieure porte toujours à faux sur celle inférieure, et que la mécanique à la Jacquard repose sur l'assemblage général.

En Angleterre, le métier de ruban repose sur des supports en sapin du Nord; le bâtis est fort léger, deux poutrelles fixées dans les murs de l'atelier soutiennent la mécanique à la Jacquard; ces poutrelles portent le battant. La mécanique et le battant sont de la sorte indépendants du bâtis du métier, qui, ne recevant que la soie et les contre-poids, peut être très-léger.

Les métiers anglais sont un tiers plus longs que ceux stéphanois, et le battant qui, pour ces derniers, ne reçoit son mouvement que par les deux extrémités, le reçoit en Angleterre par les deux extrémités et par le centre ; par ce mode, le battant, bien qu'en matériaux plus légers et moins dispendieux que ceux employés dans la Loire, ne peut pas fléchir par le centre.

Il serait utile que les constructeurs de métiers à la Jacquard de Saint-Etienne connussent les différences qui viennent d'être signalées. En effet, si un métier de 2,200 fr. peut, en suivant le mode anglais, être livré pour 1,600 fr., on obtiendra l'avantage de rendre infiniment moindre la commotion que le métier en travail fait éprouver à la maison où il est placé, et de le mettre à la portée d'un plus grand nombre de bourses.

Le Jury a pensé qu'il devait examiner le métier actuel dans tous ses détails, et signaler les perfectionnements apportés dans chacune de ses parties.

Le premier examen a été consacré aux machines de Jacquard et à la manière dont elles sont soulevées avant chaque coup de battant. Quatre systèmes différents se sont trouvés en présence ; leurs auteurs sont :

M. **J.-B. Favre**, *passementier à Saint-Roch ;*

M. **Régis Vernhet**, *chef de fabrication à Saint-Etienne ;*

M. **Michel**, *constructeur – mécanicien à Saint-Etienne et à Lyon ;*

M. **Renaudier**, *passementier, rue de Montaud.*

La mécanique de M. Favre est d'une très-grande douceur ; la caisse est toujours enlevée perpendiculairement sans aucune commotion , le rebutage est presque nul , le levier est grand , l'engrenage des quatre roues ne peut se déranger , mais le tout, dans son ensemble , est un peu lourd et assez cher ; M. Favre pourrait certainement remplacer plusieurs piè-ces de fer par des pièces en fonte qui coûteraient beaucoup moins.

La machine , dans ses diverses parties , est supé-rieure, pour le travail et le ménagement des forces de l'ouvrier, à celles généralement en usage.

Le Jury décerne à l'exposant une médaille d'argent.

M. **Michel** a cherché un point d'appui pour le levier, et ce point d'appui, supportant une partie du poids de la Jacquard, soulage l'ouvrier d'autant ; sur six kilog. à soulever, le point d'appui en supporte un ; en conséquence, l'ouvrier est soulagé d'un sixième du poids qu'il avait à soulever. La caisse de griffes, ayant un point d'appui, ne peut s'élever perpendicu-lairement ; elle s'élève plus d'un côté que de l'autre , et de suite le travail du métier éprouve une améliora-tion notable pour le passage de la navette. Jusqu'à ce jour, tous les fils de soie étant soulevés également, ceux qui se trouvaient plus près du battant étaient soulevés plus haut que ceux qui se trouvaient les plus éloignés du battant.

Par le système de M. Michel , les plus éloignés sont élevés plus haut que ceux qui sont devant ; alors les fils placés en avant peuvent être soulevés un sixième moins haut que dans les autres métiers ; en conséquence, l'ensemble demande en moins un douzième de force motrice ; en outre, la marche peut être réduite d'un cinquième, ce qui rend le ruban fabriqué plus uni.

Le métier, au total, a une légèreté réelle d'un sixième, c'est-à-dire que l'ouvrier dépense un sixième de force motrice en moins pour le travail à la Jacquard. Cette mécanique est sans étui et fonctionne très-bien.

Le Jury décerne à M. Michel une médaille d'or, juste récompense des avantages de son mécanisme.

Le métier de M. **Renaudier**, ouvrier-passementier, rue de Montaud, maison Abréal, construit sous sa direction et d'après son invention, fonctionne depuis quatre mois ; il a tous les avantages de la mécanique de M. Michel, et il faut, comme pour le métier de celui-ci, *empouter* les planchettes par douze cordes au rang, en rapport avec les douze crochets de chaque rang de la mécanique.

La caisse à griffes ne s'enlève pas par l'extrémité d'un levier ayant un point d'appui ; elle s'enlève au moyen de deux pivots de chaque côté : l'un de ces pivots est placé au centre de la griffe, au niveau de la prise des crochets, et l'autre est placé à 22 ou 23 centimètres plus haut. La rainure est d'abord perpendiculaire, et ensuite inclinée à sa partie supérieure. Cette inclinaison oblige la caisse à griffes à prendre la même inclinaison. Ainsi, il y a avantage égal à celui de la mécanique de **M. Michel**, quand le pas est ouvert et lorsque la caisse à griffes commence à monter ou finit de descendre. Les lames sont d'aplomb et ne produisent aucun frottement contre les crochets.

Les esses sont d'une nouvelle forme et placées dans de meilleures conditions qu'aux autres mécaniques de Jacquard, et le point d'appui du levier, soulageant l'ouvrier d'un cinquième du poids, existe comme dans le système de **M. Michel**.

Le Jury, appréciant les heureuses innovations pratiques de **M. Renaudier**, lui décerne une médaille d'or.

M. Régis Vernhet a cherché à vaincre la difficulté en prenant le contre-pied du système des exposants dont les mécanismes viennent d'être décrits.

Son brevet d'invention est du 25 octobre 1843, celui de perfectionnement du 9 décembre 1850.

La caisse en bois, nommée caisse à griffes dans ce rapport, et que les ouvriers appellent la griffe, est remplacée par un cadre ou châssis en fer dans lequel sont fixées les lames maintenues parallèles entr'elles, au moyen de deux pièces également en fer, dans lesquelles elles sont incrustées.

Le crochet sert lui-même de ressort, ce qui a permis de supprimer la cordelette et le petit ressort qui termine chaque aiguille.

Lorsque le métier travaille, les crochets, qui n'ont pas été pris par les lames de la griffe, s'abaissent d'autant que ceux qui ont été pris s'élèvent ; de telle sorte que l'ouverture totale est partagée entre tous les fils et le degré de tension de chaque fil reste le même.

Par ce système, l'ouvrier a moins d'efforts à faire que dans les métiers ordinaires.

Le Jury, tout en rendant justice aux efforts de l'exposant, a cru devoir seulement décrire le mode qu'il a adopté.

M. Pommerol, *passementier, rue du Haut-Tardy*, 95.

L'exposant a présenté un petit rouet pour faire à la main une seule canette à la fois.

Le seul avantage qu'offre ce petit rouet est de pouvoir, par un mouvement latéral, opérer la rotation lente d'un petit billot à retourner les ensouples.

Le Jury s'est rendu chez M. Pommerol pour voir fonctionner, sur son métier en travail, un régulateur pour l'enroulement du ruban fabriqué.

Ce régulateur fonctionne en prenant le ruban enroulé pour point d'appui. A mesure que le ruban enroulé et fabriqué prend un plus grand diamètre, il donne une impulsion à une touche en bois bien polie qui, par une tige en fer, pousse un plan incliné. La tige du régulateur se trouve constamment arrêtée dans sa descente par le plan incliné qui s'avance à mesure que le rouleau de ruban grossit. La grosseur du ruban en rouleau et l'avancement du plan incliné étant parallèles, la fabrication du ruban est régulière.

Le Jury accorde à M. Pommerol une mention honorable.

M. Pinatel, *mécanicien, rue Neyron.*

Ce mécanicien a abordé la même difficulté pour les rubans très-étroits, d'un centimètre et moins de largeur.

Sur ses métiers, la tige de fer tourné, sur laquelle le ruban étroit s'enroule, est terminée par un disque, qui, en tournant avec la tige, s'appuie contre un excentrique tournant lentement par un mouvement venant d'un second régulateur ; la tige de fer se trouve ainsi avoir un mouvement régulier et continuel de va-et-vient. Le ruban fabriqué se pose, non pas perpendiculairement, mais latéralement ; le but proposé est ainsi atteint.

Le Jury s'est rendu chez **M.** Pinatel pour examiner les modifications apportées aux battants. Il a vu fonctionner les métiers avec une vitesse de plus de 120 coups par minute par des battants de 32 navettes ; afin que le battant ne vacille pas, il est engagé à son extrémité dans une glissoire. Une poulie de bronze est fixée solidement en-dessous du battant ; cette poulie, bien graissée, a juste le diamètre de la glissoire. Le battant fonctionne sans aucune oscillation de côté.

Le Jury accorde à **M.** Pinatel une mention honorable.

M. Marcelin, *rue Neyron.*

Le Jury s'est rendu chez **M.** Marcelin pour voir fonctionner son métier à battant-brocheur chargé de trois navettes. Il a-été reconnu qu'il existait là un nouveau système de commandement par marionnettes au moyen duquel deux navettes ne pouvaient partir simultanément, quand bien même il y aurait un faux coup.

Le Jury donne une marque d'intérêt à **M. Marcelin** en décrivant l'avantage que peut avoir son système.

M. Gonon fils, *mécanicien, rue du Treuil, n° 33.*

Cet exposant a présenté un cadre renfermant dix coupons rubans couverts chacun de deux riches broderies fabriquées en même temps que le ruban, *sans coups perdus.* Les dessins étaient cependant fabriqués avec des roquetins. Le Jury s'est rendu chez M. Gonon à l'effet d'examiner la marche du métier. L'application du double système de la navette et du fil de soie transporté sans navette au centre du ruban ouvert, a été reconnue. Chaque navette est accompagnée par derrière de quatre plongeurs, et le métier fonctionne réellement *sans coups perdus.*

Le Jury, convaincu que cette invention est la plus remarquable qui ait été produite depuis celle de **MM.** Grangier frères, de Saint-Chamond, consistant dans le battant-brocheur à aiguilles, mais à coups perdus, décerne à **M. Gonon fils** une médaille d'or, récompense justement acquise à l'inventeur.

M. Peyrot, *horloger, rue Saint-Louis.*

Le Jury a invité **M. Peyrot** à se rendre à l'Hôtel-de-Ville pour recevoir de vive voix des explications sur les avantages de l'application de l'électro-magnétisme aux battants des métiers à rubans et à velours. Cet horloger, après avoir démontré la construction peu dispendieuse du seul élément nécessaire , et la puissance du timbre en acier qui sert de moniteur à l'ouvrier, s'est exprimé dans les termes suivants :

« Pour la fabrication des rubans et des velours , il
« arrive souvent , malgré la vigilance de l'ouvrier,
« que la soie d'une canette éprouvant de la difficulté
« à se dérouler, se tend avec force et produit au tissu
« ce qu'on nomme une *étranglure.*

« Un autre accident a lieu lorsque la trame prend
« fin sans que l'ouvrier s'en aperçoive : le tissu ne
« se trame plus ; il se forme au ruban et au velours
« un espace vide, qu'en langage de fabrique on
« appelle *jacq ;* il faut alors , soit pour corriger
« l'*étranglure,* soit pour réparer le *jacq ,* perdre un
« temps considérable , surtout si le dessin du ruban
« exige un grand nombre de cartons. Dans ce cas ,
« l'ouvrier est obligé de laisser chômer la pièce jus-
» tinuer le dessin ; il s'écoule donc quelquefois plus
« d'une demi-heure.

« Frappé de ces inconvénients qui nuisent à la
« perfection du tissu et causent une perte de temps
« et de soie pouvant être estimés en moyenne à trente
« centimes par jour, j'ai reconnu qu'il était impossi-
« ble , même avec les meilleurs ouvriers et la plus
« active surveillance, d'empêcher les accidents de
« trame , surtout pour les battants à deux , trois et
« quatre navettes. Après de longues et patientes re-

« cherches , je suis parvenu à inventer le moniteur-
« électrique destiné à prévenir tous ces inconvénients.

« Le moniteur électrique se compose d'un timbre,
« d'un marteau et d'un électro-aimant , mis en com-
« munication au moyen de fils métalliques avec tou-
« tes les navettes du métier. Aussitôt que la trame
« enroulée autour de l'une des canettes finit ou se
« noue , on éprouve une tension quelconque de la
« moitié de la force nécessaire à sa rupture; l'élec-
« tricité envoyée tout-à-coup autour de l'électro-
« aimant par le fait même de la tension de la soie ,
« met en mouvement le marteau , et instantanément
« le timbre sonne ; l'ouvrier, averti, cesse de faire
« battre le métier et cherche la navette d'où est parti
« le signal. Une légère pièce en cuivre, peinte d'une
« couleur voyante, n'étant plus à sa place habituelle,
« la lui indique ; il fait disparaître la cause du défaut
« de fabrication qui allait arriver, et il continue son
« travail avec une espèce de sécurité, la pratique
« devant la lui donner complète plus tard.

« Ce mode économise la soie du fabricant et le
« temps de l'ouvrier ; de plus , il offre la garantie
« d'éviter l'imperfection dans l'exécution des tissus ;
« enfin, le prix peu élevé du mécanisme le rend im-
« médiatement applicable à toute espèce de battant. »

Le Jury, après avoir fait fonctionner séparément
toutes les pièces de l'indicateur électro-magnétique ,
s'est rendu , accompagné de M. Peyrot , place du
Jeu-de-l'Arc , chez M..., ouvrier veloutier, où cet
indicateur était placé de la veille.

Il est à remarquer qu'une chose entièrement neuve comme idée et comme exécution, ne fonctionne parfaitement qu'autant que l'ouvrier s'est accoutumé aux exigences de son nouvel auxiliaire ; il faut qu'il n'oublie pas que le fil de soie doit être noué sur la canette au moment où la caneteuse commence à y mettre de la soie, parce qu'une canette qui prend fin sans que le fil devienne tendu à la moitié de la résistance qu'il peut éprouver sans se rompre , n'opère pas le déplacement de la petite tige de métal qui met en contact le mécanisme.

Le Jury a vu fonctionner le métier et a entendu le coup de cloche prévenir l'ouvrier avant la rupture de la trame ; il ne faut certainement qu'une pratique de quelques semaines pour que l'ouvrier soit satisfait de ce nouvel auxiliaire, ayant pour lui des yeux qu'il perd à son travail en s'y appliquant comme il est absolument nécessaire de le faire, ce qui souvent est la cause d'une retraite anticipée. Dans peu d'années, la mise en pratique de l'invention de M. Peyrot dans les divers ateliers, aura réalisé pour les ouvriers de précieux avantages.

Le Jury décerne à M. Peyrot une médaille d'argent.

M. Favre, *passementier à Saint-Roch.*

Cet ouvrier est l'auteur d'un nouveau système de marionnettes ; c'est ainsi, qu'en terme de fabrique, on appelle les tiges de bois mince munies d'un crochet de bois qui fait enlever alternativement la tige correspondant à la navette qui doit fonctionner.

Le système de marionnettes dont il s'agit est mieux confectionné que ce qui existe en ce moment sur la généralité des métiers de Saint-Etienne.

Le Jury décerne à M. Favre une médaille d'argent.

M. Gourgaud, *mécanicien, rue du Treuil.*

Ce mécanicien a exposé un dévidoir rond et tournant devant l'ouvrière qui le fait fonctionner avec le pied. Ce dévidoir, bien calculé, n'est pas trop cher, et M. Gourgaud peut, à l'aide de légères modifications, en faire un instrument parfait, dont la vente s'opérera par quantité à Saint-Etienne.

Il faudrait, à cet effet, remplacer la bande d'étoffe de laine fixée à la circonférence de la roue par une bande de gomme .élastique vulcanisée, qui transmettrait en toute saison la force motrice avec une grande douceur.

Il faudrait également changer le va-et-vient produisant une bobine bombée lorsqu'elle est couverte de soie, et remplacer ce va-et-vient par un excentrique produisant une bobine parfaitement plate ; ce serait très utile pour le transport des bobines, pour l'ourdissage, pour le canetage de la trame.

M. Gourgaud est assez savant mécanicien pour vaincre facilement ces difficultés. Comme encouragement, le Jury lui accorde une prime de cent francs.

MM. Duvaize frères, *mécaniciens, rue du Grand-Gonnet.*

Ces exposants ont présenté un nouveau système

de rouet à caneter qui est remarquable, comme exécution et comme idée. Le modèle est trop beau et par conséquent trop cher. Les mêmes combinaisons appliquées sans luxe doivent rendre un service réel aux caneteuses. Le Jury s'empresse de reconnaître beaucoup de talent à ces mécaniciens, mais il leur demande, non pas comme complément de leur beau rouet, seulement comme un besoin préliminaire à satisfaire, l'application de l'excentrique aux machines ordinaires de devidage. Ce sera le moyen d'obtenir pour les rouets, des bobines de soie complètement plates et non pas bombées. Le tirage actuel est constamment inégal, et chacun sait que toute inégalité dans le tirage amène l'irrégularité dans le doublage à plusieurs bouts.

Le Jury décerne à **MM.** Duvaize une médaille de bronze.

M. Cairol, *mécanicien, rue Roannelle.*

Le nouveau système d'aspic à cylindre plein, exposé par M. Cairol, est destiné à maintenir la tension du ruban relevé et à le garantir des plis. Ce système est parfaitement exécuté, mais il est trop dispendieux pour le simple ouvrier passementier ; par contre, il pourrait être adopté avec avantage par les cylindreurs.

Le Jury se plaît à mentionner le travail de M. Cairol, auquel des récompenses ont été accordées, section de la quincaillerie, 2me division, et section des forges de grosses œuvres, pour d'autres travaux.

M. Dechaud-Reynodier, *passementier à Montaud.*

Les deux navettes exposées peuvent, par ce seul fait de la cessation de la trame, faire arrêter le métier au moyen d'un indicateur métallique qui, à volonté, sort soit devant, soit derrière la navette.

Cette invention date de 1847 ; mais le Jury pense que cette invention a toujours été incomplète. Toutefois, il a cru devoir y consacrer quelques lignes afin d'inciter au perfectionnement.

M. Coudray, *fabricant de peignes, place Mi-Carême, n° 3.*

L'exposant a présenté un long peigne argenté destiné à remplacer les peignes de roseaux ; malheureusement l'argenture, à cause du prix, est trop faible et ne résistera certainement pas à la rouille. M. Coudray devrait exécuter ce genre de peigne en maillechort.

Le Jury, en l'état, croit devoir se borner à l'indication qui précède.

MM. Paulet frères, *rue Saint-Louis, n° 7.*
Ces fabricants ont exposé un cadre renfermant sept peignes de diverses qualités et de diverses applications ; il y en a d'une finesse très grande, de sept à huit dents au millimètre. Le Jury a été impressionné du système des peignes élastiques, qui le sont réellement, par le fait même que le peigne n'est arrêté que par un seul côté, tandis que l'autre se prête à toute flexibilité.

Le Jury décerne aux sieurs Paulet frères une médaille de bronze.

M. Isidore Bardet, *rue du Treuil.*

L'exposant a présenté un carton renfermant quatre navettes et différentes canettes à frottement.

Le Jury se plaît à reconnaître que ces objets sont bien travaillés.

M. Barrelon, *fabricant de rasoirs pour rubans.*

La consommation de ces instruments , par la fabrique de Saint-Etienne , s'élève annuellement à 80,000 fr. environ. Il y a peu de temps que cette somme était entièrement versée dans les divers ateliers de confection de rasoirs existant dans la commune de Firminy. Depuis la création de l'établissement de M. Barrelon, non-seulement ces outils ont été perfectionnés, mais encore leur prix a été considérablement réduit par suite de la concurrence.

Le Jury décerne à M. Barrelon une médaille d'argent grand modèle.

QUATRIÈME SECTION.

—

MÉCANIQUES ET FORGES DE GROSSES ŒUVRES.

—

Un très petit nombre de fabricants et constructeur
ont pris part à cette exposition, et le Jury ne peut leur
en faire un reproche, parce que l'exposition avait paru
d'abord exclusivement réservée à la quincaillerie. Les
efforts qui ont été faits ont démontré ce qu'on pouvait espérer de l'empressement et du concours de
tous, si comme on n'en peut douter, il est donné
plus tard suite à l'heureuse initiative prise par la
Sòciété industrielle et agricole.

MM. **Valin et Michaud,** *chaudronniers,*
rue de Roanne, ont présenté une chaudière en cuivre,
propre spécialement à la tinturerie. Cette chaudière,
de la capacité d'un mètre cube environ, est montée
sur 4 pieds en fonte ; elle porte un double fond en
cuivre destiné à recevoir un courant de vapeur suffisant pour la maintenir en ébulition. Le joint qui
réunit le corps de la chaudière à son double fond est
fait sans laiton ni plomb, toutes matières qui s'altèrent
à la longue à une température élevée et favorisent les
fuites; les lèvres du fond de la chaudière et du double fond
sont prises entre deux cercles de fer très exactement

ajustés et serrés de manière à ne faire des deux pièces qu'une seule, et à assurer à cette partie délicate de l'intersection une durée égale à celle de l'appareil tout entier. Le travail de cette chaudière est traité avec soin et intelligence dans tous ses détails, et mérite à son auteur des éloges dont nous nous empressons d'être l'écho auprès de nos collègues. Le Jury décerne à **MM.** Valin et Michaud une médaille de bronze.

MM. Chauffriat père et fils, *rue de Lyon,* se sont présentés à l'exposition au double titre de fabricants de pièces de forges et de fabricants d'acier. L'établissement de ces Messieurs, situé rue de Lyon, s'est développé rapidement depuis dix ans, et nous avons pu juger, par le tableau qu'ils nous ont soumis, de l'énorme réduction de prix qu'ont subi leurs articles, bien que depuis leur origine il y ait eu augmentation dans le prix des combustibles et dans celui de la main d'œuvre; leur série se compose de :

1 Enclume ordinaire du commerce à 80 f. les cent kil.

1 Etau	»	»	» 110	»
1 Bigorne	»	»	110	»
1 Marteau	»	»	110	»
1 Vis et sa boîte pour étau	»	180	»	
1 Pioche pique masse	»	70	»	
1 Marteau martinet	»	170	»	
1 Soufflet de forge du pays	»	35 la pièce.		
1 id. Parisien	60	»		

Tous ces objets sont de bonne et solide construction, et il en est qui depuis dix ans ont été réduits de près de moitié. Aussi nos usines de ce genre ont-elles gagné beaucoup de terrain sur celles du nord, et nous voyons nos industriels aller chercher jusque chez eux ces redoutables concurrents qui autrefois venaient vendre chez nous et nous trouvaient sans défense. Nous appelons sur les produits de MM. Chauffriat l'attention de la Commission ; ils méritent à tous égards des éloges et des encouragements.

MM. Chauffriat ont aussi exposé une série d'échantillons d'acier corroyé, fabriqué par un procédé qui leur est propre et pour lequel ils sont brevetés ; bien qu'ils nous aient communiqué tous les renseignements qui concernent cette fabrication, nous nous abstenons d'en donner le détail et nous nous bornons à faire des vœux pour que le bas prix de ces aciers soit apprécié par le commerce, et leur donne une bonne part dans la consommation.

Le Jury décerne à ces industriels une médaille d'argent.

MM. **Neyraud, Thiollière, Bergeron, Verdié et C**ie, *fabricants d'aciers à Lorette, près Rive-de-Gier,* ont offert à l'exposition une botte acier fondu et ordinaire pour outil de maréchal, et un bandage de locomotive en acier fondu. Ils auraient pu produire une grande variété d'aciers martelés ou laminés en plat, canel ou rond de toutes dimensions, mais ils nous ont fait observer qu'ils croyaient demeurer dans la pensée qui a inspiré le comité d'exposition, en produisant uniquement des objets d'un emploi plus spécial dans notre département et en élaguant les aciers de fabrication courante.

L'acier pour rogne-pied de maréchal est façonné au laminoir, de manière à supprimer, pour ce genre d'outil, tout travail au burin ou à la lime : il suffit de prendre sur une barre la longueur dont on a besoin, d'en poser l'extrémité à la meule pour lui donner le fil. Cette ingénieuse invention fait l'objet d'un brevet qui est la propriété de ces Messieurs ; le prix de 115 f. pour l'acier fondu et 85 f. pour l'acier ordinaire en rend l'usage accessible au plus modeste maréchal.

La Commission a examiné avec beaucoup d'intérêts le bandage de locomotive sorti des ateliers de ces Messieurs. Cette magnifique pièce est en tout point d'une exécution parfaite. L'acier qui la compose réunit la dureté qui est le propre de sa nature à la douceur du fer et en assure la durée ; on a pu en juger par le copeau long de   mètres environ qui est résulté de l'opération du tournage. L'emploi de l'acier fondu est, de l'avis des grands industriels, appelé à un grand développement pour les bandages de chemins de fer, et il est digne de la maison que nous citons, dont les membres ont été les premiers à importer dans notre pays et à développer l'industrie du fer, de se signaler dans celle des aciers par cette belle initiative.

La 4ᵉ section du Jury ayant appris, au moment de clore son travail, que la 5ᵉ section du Jury s'était occupée également du bandage de locomotive exposé par **MM.** Neyrand et Cie, maintient les observations qui précèdent et se joint à l'avis de ses collègues de la 5e section, qui ont décerné à **MM.** Neyrand et Cie une médaille d'argent, grand module.

M. Jacob Holtzer, *fabricant d'aciers à Firminy*, a exposé une série d'échantillons ainsi classés :

1° Acier fondu fabriqué avec des fers de Suède, pour burins et crochets de tours ;

2° Acier fondu doux, fabriqué avec les provenances de l'Arriège et de l'Isère, pour étampes, matrices, cylindres et pomeaux ;

3° Acier de même fabrication pour limes fines;

4°   id.   pour limes ordinaires;

5°   id.   pour rasoirs et instruments de chirurgie;

6° Acier corroyé pour taillanderie et coutellerie;

7°   id.   pour matrices et étampes.

Ces deux derniers sont fabriqués avec les provenances de l'Isère.

Tous ces articles présentent à la cassure toutes les apparences d'une bonne qualité et d'une parfaite homogénéité. Leur apparence extérieure n'est pas moins bonne, et témoigne des soins et de l'intelligence qui ont présidé à cette fabrication.

M. Jacob Holtzer a conquis parmi les fabricants d'aciers un rang élevé, qu'il est bien sûr de conserver en continuant dans la voie qu'il a suivie. Nous sommes heureux de constater que les fers étrangers, qui jadis entraient pour une si grande part dans la fabrication des aciers, ont peu à peu fait place aux fers français, avec un succès qui permet d'espérer que, bientôt, nous ne serons plus tributaires de l'étranger pour cette branche si importante de l'industrie française. Nous félicitons de grand cœur MM. les fabricants d'aciers de cette conquête due à leur intelligence et à leur persévérance, et nous mentionnons tout spécialement parmi eux M. Jacob Holtzer.

En récompense des services rendus par M. Holtzer, le Jury lui décerne une médaille d'argent.

M. Ballefin, *fabricant d'aciers, au Chambon.*

Jusqu'à présent les fabricants d'aciers fondus, soit en France, soit en Angleterre, n'ont employé, pour la fusion, que le cock, dont le prix, sans cesse croissant, augmente considérablement les frais de fabrication.

M. Ballefin obtient la fusion au moyen de la flamme de la houille. Le nouveau procédé qu'il emploie, et pour lequel il a été breveté, a baissé le prix de la fabrication de l'acier fondu presque au niveau du fer, ce qui permettra de généraliser l'usage de ce produit, avantage immense pour l'industrie de la quincaillerie locale.

Ses appareils, qui fonctionnent depuis plus d'un an, donnent les résultats les plus satisfaisants.

Le Jury verrait, avec satisfaction, que cet habile fabricant qui se préoccupe depuis longtemps du progrès de l'industrie, donnât le plus grand développement possible à son établissement.

Il lui est accordé une médaille d'argent.

CINQUIÈME SECTION.

—

PRODUITS DIVERS.

—

Dans la cinquième section, sont rangés, sous le titre de *Produits divers*, des objets de différente nature : machines, outils, verres, cristaux, etc., etc. — Le premier soin du Jury a été d'en former deux catégories, l'une comprenant les produits qui se rattachent aux diverses industries exercées dans l'arrondissement, et l'autre, ceux qui nous ont paru en dehors du programme de l'Exposition, et pour lesquels il n'y a pas lieu, c'est au moins l'avis de la Commission, d'accorder des récompenses du même ordre.

La diversité des objets qui composent la 5ᵉ Section et leur peu d'analogie entr'eux, ne permettent pas d'entrer ici dans quelques considérations générales, toujours pleines d'intérêt et qui serviront, sans doute, d'introduction aux Rapports des autres Commissions; le Jury se bornera donc à signaler les exposants dont les produits ont mérité des récompenses.

Produits de la première Catégorie.

MM. Neyrand, Thiollière et Cᵉ , *fabricants d'acier à Lorette, près Rive-de-Gier.*

Ces industriels ont exposé un bandage de roue de machine locomotive tout en acier fondu.

Cette pièce, d'ailleurs bien exécutée, est l'une des plus intéressantes de l'exposition; elle promet une industrie nouvelle à notre arrondissement. En effet, la substitution de l'acier fondu au fer pour la confection des bandages, constitue une amélioration d'une grande importance dans le matériel roulant des chemins de fer. L'expérience faite sur plusieurs lignes, et principalement sur celle de St-Etienne à Lyon par Mʳ Verpilleux, qui n'emploie pas d'autres bandages depuis quelques mois pour ses machines locomotives, assigne aux bandages en acier une durée de beaucoup supérieure à celle des bandages en fer même aciéré, de telle sorte que l'économie résultante compensera largement un prix de revient double et triple.

Le bandage exposé a été étiré au laminoir, puis soudé. On commence aussi à fabriquer des bandages fondus en couronne et agrandis ensuite par le laminage. Toutefois, ces derniers sont encore en voie d'expérimentation et ne sont employés nulle part.

Certainement, l'emploi des bandages en acier fondu se généralisera, surtout si, comme on peut l'espérer, les tentatives de moulage en couronne et de laminage ou martelage circulaire subséquent, poursuivies à la fois, avec une louable persévérance, par MM. Neyrand, Thiollière et Cie , Jackson frères, et Platte et Royer, sont couronnés de succès.

Le Jury, appréciant l'importance de l'essai de bandage en acier fondu fait par MM. Neyrand, Thiollière et Cie, leur accorde une médaille d'argent grand module.

M. François Fournel, *contre-maître mécanicien de la fabrique de MM. Grangier frères, à Saint-Chamond.*

M. Fournel a présenté une lunette de tour de son invention, destinée à servir de support aux arbres horizontaux pendant le tournage. Le modèle qui figure à l'exposition est en cuivre jaune et de petite dimension. Mais on peut construire cet instrument sur une plus grande échelle et employer un métal plus résistant.

Le principe sur lequel repose le support Fournel est bien simple. Il reçoit exactement au point de centre toutes les pièces rondes de différents diamètres, à l'aide d'un cercle mobile qui fait mouvoir simultanément trois branches également mobiles sur lesquelles les arbres s'appuient tangentiellement, et dont l'écartement est toujours à égale distance du point de centre.

On comprend l'avantage d'un pareil support pour le tournage des arbres en fer laminé, toujours très longs et destinés à transmettre le mouvement aux deux extrémités des battants de métier à la Jacquard, ou à d'autres organes mécaniques.

Son utilité nous paraît aussi incontestable pour le tournage des gros arbres et l'alésage des cylindres en fonte.

Déjà cette lunette est appliquée dans les fabriques de lacets de M. Grangier, à Saint-Chamond.

Le Jury accorde à M. Fournel une médaille d'argent.

M. **Duplay jeune,** *forgeur-carrossier, rue Saint-Honoré, à Saint-Etienne.*

Il expose une bascule tournante propre à percer les métaux. Cet outil, exécuté avec une certaine élégance présente deux modifications intéressantes. La vis est placée à l'extrémité d'un support à coulisse et mobile en même temps. On peut ausssi placer l'outil dans différentes positions appartenant à un certain nombre de demi-circonférences de rayons différents. Cette disposition rend l'opération du forage plus facile, plus prompte, surtout dans le cas de pièces d'une forme spéciale et compliquée. Il est à désirer que cet instrument se propage dans nos ateliers de forge et de serrurerie.

Le Jury accorde à M. Duplay une mention honorable.

M. **Pierre Cairol,** *mécanicien, rue Roannelle, n° 15.*

Ce mécanicien a présenté le modèle en bois d'une

machine à décrocher instantanément les wagons, et pour laquelle il a pris un brevet d'invention. Le mécanisme de M. Cairol paraît assez ingénieux. Toutefois, il n'est pas à l'abri d'objections. Ce n'est pas non plus une idée nouvelle. Il existe déjà des machines à décrocher, parmi lesquelles nous citerons celle inventée par M. Eugène Locard, ingénieur principal du chemin de fer de Saint-Etienne à Lyon. Le système de M. Locard est simple, très sûr et d'une manœuvre facile ; il rend, depuis plusieurs années, de grands services sur la ligne de Saint-Etienne à Lyon, et a valu à son auteur, de la part du gouvernement, une récompense honorifique. Une autre considération a frappé le Jury. La machine de M. Cairol n'a pas encore reçu d'application. Il est donc difficile d'en apprécier, dès à présent, les avantages et les inconvénients. Pour tous ces motifs, le Jury ne peut accorder qu'une mention honorable à M. Cairol.

M. J.-B. Duplay, *carrossier-sellier, rue du Treuil, à Saint-Etienne.*

Le palonnier mécanique de M. Duplay a pour objet de dételer les chevaux instantanément, sans descendre de voiture, dans un moment de danger, par exemple. L'invention de ce carrossier, sans être nouvelle, remonte déjà à plusieurs années, et quoique simple et peu coûteuse, elle a été très peu appliquée jusqu'à présent. Peut-être faut-il chercher les motifs d'un tel abandon dans l'appréciation suivante de tous les systèmes de dételage instantané faite par M. Arnoux, l'un des rapporteurs du Jury de l'Exposition de 1849.

« On s'est souvent demandé s'il n'était pas plus
« dangereux d'adopter un moyen de dételage instan-
« tané que de s'exposer à subir les conséquences de
« l'emportement des chevaux. Chaque fois qu'il
« survient un accident grave de ce genre, on revient
« aux procédés depuis longtemps proposés à cet
« effet, et, il faut bien le reconnaître, ils ont été
« nombreux et tous à peu près également efficaces.
« Mais lorsqu'arrive l'application, on ne tarde pas
« à voir que la peur, l'extrême prudence, si l'on veut,
« provoquent des accidents peut-être moins terribles,
« mais infiniment plus multipliés, et l'on a vu, dans
« des expériences mêmes, des accidents arrivés par
« un dételage instantané qui avait d'ailleurs parfai-
« tement fonctionné. »

Ces lignes, écrites par un homme aussi compétent que M. Arnoux, commandent une grande réserve au Jury ; cependant, après les essais qui ont eu lieu sous ses yeux, le Jury, tenant compte à M. Duplay de tout ce qu'il y a de simple et d'ingénieux dans son mécanisme, mentionne honorablement le nom de cet industriel.

M. Dechorain jeune, *balancier, rue de Lyon, à Saint-Etienne.*

Les balances exposées par M. Dechorain ne présentent rien de nouveau. Elles sont, il est vrai, bien confectionnées et d'un prix modique. Le Jury, prenant aussi en considération le développement donné par M. Dechorain à sa fabrication, lui accorde une mention honorable.

M. Soupigère, *mécanicien, rue de la Ville.*

Cet industriel a exposé un tour d'horloger ; c'est le premier mécanisme de ce genre qui soit sorti des ateliers de notre arrondissement.

M. Soupigère a droit à une mention honorable.

M. Chambeyron-Moussy, *propriétaire de verreries, à Outre-Furens.*

L'exposition de M. Chambeyron comprend :

1° Des baguettes de verre pour métiers de rubans ;

2° Des fils de verre ;

3° Des bouteilles à compartiments.

De tous ces produits, les baguettes de verre se rattachent seules à la fabrication des rubans ; — elles entrent dans la confection des métiers, et servent dans les ateliers de teinture, comme supports des soies et des rubans teints en pièces.

Les baguettes exposées sont solides et bien faites. Leur emploi se développe tous les jours, et, dans quelques départements, elles remplacent avantageusement le bois comme tuteurs dans les jardins. L'importance de cette fabrication est actuellement de 10,000 kilogrammes. Les prix ont été aussi réduits de 1 fr. 25 à 0 fr. 65 le kilogr.

Les fils de verre étiré à la main sont demandés

par les fabricants de fleurs artificielles. Il n'en avait pas encore été fait à Saint-Etienne.

Le Jury, tenant compte à M. Chambeyron des efforts qu'il consacre à la fabrication du verre, lui accorde une mention honorable.

Produits de la deuxième catégorie.

Parmi les objets en dehors du programme de l'Exposition, le Jury a remarqué les registres–étiquettes et gravures litographiques de MM. **Nublat** et **Lantz**, *place Marengo*. Cette maison, établie depuis longtemps à Saint-Etienne, a apporté de nombreuses innovations dans l'art de la lithographie.

Le Jury se plaît à la citer honorablement.

Les verres et les cristaux taillés de M. **Eyraud**, *rue de la Loire*, ont aussi attiré l'attention du Jury. M. Eyraud achète les objets en cristal et en verre bruts et les taille lui–même dans un atelier qu'il a complètement organisé, et dans lequel la Commission a vu fonctionner trois tours à l'aide d'un manége à un cheval. Les prix de M. Eyraud sont modiques, et une foule d'objets en verre brut gagnent beaucoup à être dégrossis au tour.

Le Jury, pour encourager l'initiative persévérante de M. Eyraud, lui accorde une mention honorable.

M. Husson, *ancien passementier , rue du Treuil* (1), est le doyen des inventeurs du régulateur des métiers à rubans à Saint-Etienne. Il a passé une partie de sa vie à rechercher les moyens d'améliorer la fabrication des rubans et a consacré à cette pensée toutes ses économies.

Jusqu'à présent, dans tous nos métiers de rubans, le régulateur du battant subit une déviation notable par l'accroissement de la grosseur du manchon et par l'étendue plus ou moins grande de la circonférence qu'il décrit. De là, la nécessité d'une surveillance continuelle de la part de l'ouvrier et du commis, sous peine d'une irrégularité fort préjudiciable au tissu. Le sieur Husson, au moyen d'un procédé *très-simple et peu coûteux* , a réussi à prévenir ce dérangement. Il est parvenu à proportionner constamment le mouvement du régulateur à la grosseur du manchon, de telle sorte que ce mouvement décroît au fur et à mesure que le manchon augmente de volume et en raison inverse de cette augmentation. Ainsi se trouve conservée, d'un bout à l'autre de la pièce, la régularité du battant, chose si nécessaire à la beauté et à la régularité du tissu.

Le Jury lui accorde une prime en espèces de 80 fr.

(1) Le nom de cet industriel devait être inscrit à la section *Rubannerie*, page 133 ; nous le rétablissons ici.

TABLE ALPHABÉTIQUE

DES EXPOSANTS QUI ONT OBTENU DES RÉCOMPENSES.

Récapitulation générale du nombre des Récompenses décernées.

INDUSTRIE.	SECTIONS.	NOMBRES DE MÉDAILLES.					PRIMES en ESPÈCES.	MENTIONS HONORABLES	CITATIONS FAVORABLES
		OR.	VERMEIL.	ARGENT gr. module	ARGENT.	BRONZE.			
Quincaillerie 1re division. . . . . , .	1re	2	4	3	4	11	100 f	8	»
id. 2me division.	»	»	1	3	3	3	200	6	»
Arquebuserie.	2me	2	3	»	8	8	50	3	12
Rubannerie	3me	3	»	1	2	2	180	2	»
Mécan. et Forges de grosses œuvres.	4me	»	»	1	3	1	»	»	»
Objets divers. . . . . , . .	5mo	»	»	»	1	»	»	7	1
Totaux.		7	8	8	24	25	530 f	26	13

LISTE DES SOUSCRIPTEURS

POUR L'EXPOSITION

DES PRODUITS DE L'INDUSTRIE DE SAINT-ÉTIENNE.

———— •◉• ————

1 Ministre de l'intérieur par l'intermédiaire de **M. Heurtier**,
   O ✳, conseiller d'Etat, directeur de l'agriculture et
   du commerce. 600
2 **Balay** Jules, membre du Corps législatif, ancien membre de la Chambre de commerce. 500
3 **Escoffier** Félix, entrepreneur de la manufacture
   impériale d'armes de guerre, ancien fabricant. . . 500
4 La Compagnie générale des mines de la Loire. . . . 500
5 **De Bouchaud**, sous-directeur des forges de Terrenoire,
   vice-président de la Société industrielle. 200
6 **Janvier**, ✳, sous-préfet. 100
7 **De Rochetaillée** Camille, président de la Chambre
   de commerce, membre du conseil général, ancien
   administrateur des hospices 100
8 Le général baron **de Richepance**, O ✳, commandant
   le département de la Loire. 100

A reporter. 2,600

Report. . . . 2,600

9 J.-Claude **Peyret** ✳, ancien président de la Chambre de commerce et du Conseil des prud'hommes, et **Gerin** jeune. 100

10 **Palluat** Henry, membre de la Chambre de commerce, administrateur des hospices. 100

11 **Colcombet** François et Cie, fabricants de rubans, ancien conseiller municipal. 100

12 **Robichon**, fabricant de rubans, ancien adjoint. . . 100

13 **Royet-Sauvignet**, marchand de soie, ancien adjoint, conseiller municipal. 100

14 **Verpilleux**, ✳, manufacturier à Rive-de-Gier, ancien représentant, membre de la Chambre de commerce. 100

15 **Petin** et **Gaudet**, ✳, manufacturiers à Rive-de-Gier. 100

16 **Jackson** frères, ✳. . . . . id 100

17 **Neyrand**, membre de la Chambre de commerce, president de la chambre consultative des arts et manufactures de Saint-Chamond, **Thiollière**, **Bergeron** et Cie , manufacturiers.. 60

18 **Bouquet-D'Espagny** , ✳, receveur des finances. . 50

19 **Durand-Fornas**, ✳, procureur impérial près le Tribunal de Saint-Etienne. 50

20 **Royet** Hippolyte, ✳, ancien maire de Saint-Etienne ancien membre du Conseil général et de la Chambre de commerce 50

21 **Donzel** et **Maussier**, fabricants de rubans. 50

22 **Maras**, commissionnaire marchand de soie. 50

23 **Epitalon** aîné, fabricant de rubans, ancien membre du Conseil municipal et du Conseil des prud'hommes. 50

24 **Passerat**, fabricant de rubans, présid. du Tribunal de commerce, membre de la Chambre de commerce. 50

25 **Philip** frères, fabricants de rubans. 50

26 André **Merllié**. . . . . . id. 50

A reporter. 3,910

Report. . . . 3,910

27 **LARDERET** neveu, ✳, fabricant de rubans, président
du Conseil des prud'hommes. 50

28 **CHALEYER**, manufacturier, fabricant de faulx à Firminy. 50

29 André **DESCOURS**, fabricant de rubans 50

30 **CHAIZE** Pierre, fabricant de rubans, membre du Conseil des prud'hommes. 50

31 **FRAISSE-BROSSARD** fils, fabricant de rubans. 50

32 **VIGNAT** aîné, ✳, fabricant de rubans, ancien adjoint,
membre de la Chambre de commerce. 50

33 **JALABERT** aîné, fabricant d'armes, syndic de l'é-
preuve des armes de commerce, conservateur du
Musée d'artillerie. 30

34 **PALIARD** Jules, fabricant d'armes, membre de la
Chambre de commerce, ancien adjoint. 30

35 **FREYCON** et Cie, fabricants de rubans. 30

36 **CELLE**, march.de fer, juge au Tribunal de commerce. 30

37 **BERTHOLLET** Victor, fabricant de rubans, ancien
membre de la Chambre de commerce. 30

38 **JOURNOUD** père et fils, fabricants de rubans. 30

39 **PONDEVAUX**, syndic de l'épreuve, et **JUSSY**, fabricants
d'armes. 30

40 **LANOIR**, manufacturier à Rive-de-Gier. 30

41 **HUTTER**, manufacturier et président de la Chambre
consultative des arts et manufactures do Rive-de-
Gier. 30

42 **TEILLARD** frères, manufacturiers à Rive-de-Gier. . . 30

43 **ROBICHON** fils et Cie. . . . . id. 30

44 **LARDON**, directeur de la condition des soies de Saint-
Etienne. 30

45 Maurice **DEPRANDIÈRE**, substitut du procur. impérial. 25

46 **TEZENAS** aîné, ✳, directeur du comptoir d'escompte
de la Banque de France, ancien maire et ancien
président de la Chambre de commerce et du Tribunal de commerce. 25

A reporter. 4,620

Report. 4,620

47 **Janicot**, ingénieur, professeur de chimie à Saint-Etienne. 25

48 **Morillot**, ✳, directeur des mines de Firminy. . . . 25

49 **Barralon** , ancien juge au Tribunal de commerce, et **Brossard**, fabricants de rubans. 25

50 **Girard** et **David**, fabricants de rubans. 25

51 **Richarme**, 3 frères, manufacturiers à Rive-de-Gier. . 25

52 **Berlier** père et fils. . . . . id. 25

53 **Michel**, fabricant de lacets à Saint-Chamond, ancien maire. 25

54 **Chauffriat** père et fils, maîtres de forges. 20

55 **Berthon-Bourlier** frères, fabricants d'armes, conseiller municipal. 20

56 **Berger**, fabricant d'armes. 20

57 **Verney-Carron**, fabricant d'armes, conseiller municipal. 20

58 **Couraly**, doyen des courtiers. 20

59 **Rouae** ainé et Cie, fabricants quincailliers. 20

60 **Durafour** neveu. . . . . id. 20

61 **Roure-Girkler**. . . . . id. 20

62 **Toulza**, fabricant quincailler, membre de la Chambre de commerce. 20

63 **Réocreux-Réocreux** et Cie, fabricants quincailliers. 20

64 **Hérard**, fabricant de rubans. 20

65 **Larcher-Faure**. . . . . id. 20

66 **Fraisse-Merley**. . . . . id. 20

67 **Ploton-Coron**. . . . . . id. 10

68 **Giron** frères. . . . . . . id. 10

69 **Girinon** fils. . . . . id. 10

70 **Boulin** et **Ferraton**. . id. 10

71 **Bresson** et **Chavanne**. id. 10

72 **De Chambarlhac**, maire de Firminy. 10

73 **Descreux** père et fils, fabricants quincailliers. 10

74 **Bajard** B., manufacturier à Rive-de-Gier. 10

A reporter. 5,135

Report. 5,135

75	FRAISSE J.-B., fabricant de rubans.	10
76	PAGNON-FRAISSE. . . . id.	10
77	PINATEL, passementier.	8
78	MAGAT. . . . id.	5
79	CHASSAING, fabricant de peignes pour rubans.	5
80	LALLIER, passementier.	5
81	ROUX. . . . . id.	5
82	RUARD. . . . . jd.	5
83	La ville de Saint-Etienne (vote du conseil municipal).	1200

Total. . . . . . . Fr. 6,388

SECTION AGRICOLE.

SECTION AGRICOLE.

EXERCICE 1852.

—

EXTRAIT du Rapport de la Commission d'agriculture sur les Primes et Récompenses à décerner aux Propriétaires et Cultivateurs de cet arrondissement.

—

. . . .

. . . .

Il existe sur les montagnes et sur les collines de l'arrondissement de Saint-Etienne, une assez grande étendue de terrains en pente qui ne donnent presqu'aucun produit, soit qu'ils servent aux pâturages de quelques chétifs troupeaux de moutons ou de chèvres, soit qu'on les cultive en céréales. Il serait de l'intérêt bien entendu des propriétaires de ces terrains ou des communes auxquelles ils appartiennent, et de l'intérêt général de tout l'arrondissement, qu'ils fussent transformés en forêts d'arbres résineux ou d'autre essence, suivant leur qualité et leur exposition.

Dans ce moment où le combustible minéral enchérit progressivement, la plantation des terrains en pentes ou incultes serait une spéculation d'autant plus lucrative, que personne ne saurait prévoir l'élévation de prix à laquelle il peut arriver.

Peu de propriétaires se sont occupés, dans notre

arrondissement, du reboisement des montagnes ; il en est cependant quelques-uns qui ont su apprécier les avantages pécuniaires et économiques qu'on pourrait retirer de ce genre de culture.

On doit citer en première ligne **M. Colomb de Gast**, grand propriétaire dans les communes de Marlhes et de Saint-Sauveur-en-Rue, canton de Bourg-Argental. Cet ancien et honorable fonctionnaire, que nous devons compter au nombre de nos agriculteurs les plus intelligents, qui a le plus mérité du pays par ses conseils et par ses exemples, a fait depuis longtemps des plantations considérables d'arbres résineux qui, toutes, ont parfaitement réussi, et commencent à le récompenser de ses peines et à le payer amplement de ses avances.

M. Colomb de Gast, membre titulaire de la Société, ne peut, à ce titre, prendre part au concours.

M. le comte Gabriel de Monterno habite Thoissey, département de l'Ain ; mais il est propriétaire dans la commune de Saint-Julien-Molin-Molette, canton de Bourg-Argental.

La terre de la Condamine, qu'il a recueillie dans la succession de M. de Harenc, renferme, outre une grande quantité de fonds de bonne qualité, situés en plaine, des terrains considérables incultes et en pente, dont le produit était presque nul ; voulant les améliorer, il ne s'est d'abord livré, comme tout propriétaire prudent et intelligent, qu'à de simples essais ; ce n'est qu'en 1842, qu'il a mis sérieusement la main à l'œuvre, pour transformer les parties incultes en propriétés productives : près de 250 mille pieds d'arbres résineux ont été plantés par ses soins jusqu'en 1852, sans compter les semis qu'il a faits (1).

Nous ne saurions mieux faire que de laisser parler M. de Monterno lui-même ; la lettre qu'il a adressée au président de la Société donne sur ses plantations les détails les plus intéressants, en même temps qu'ils sont pratiques :

« C'est depuis 1842 que je m'occupe en grand du
« reboisement de nos montagnes en essences résineu-
« ses, et en plantations de noyers et de châtaigniers
« pour la plaine. Avant de me hasarder à planter en
« grand les essences résineuses, j'ai voulu me rendre
« compte et m'assurer de celles qui pouvaient le
« mieux réussir dans notre sol, notre climat, et
« se reproduire d'elles-mêmes. Toutes mes obser-
« vations faites sur des plantations de mélèzes créées
« par moi en 1829, j'ai vu que le mélèze réunissait
« toutes les conditions voulues pour remplacer avec
« avantage le pin silvestre (arbre du pays). Le premier
« est toujours plus vigoureux dans sa végétation et
« fait de plus belles pièces que le second ; il a de

(1) 21 hectares ont été plantés en mélèzes ; 3 hectares et 50 ares en épicéas, et 7 hect. 50 ares en pins de diverses qualités ; un hectare et demi de terrain en plaine a été planté en noyers et châtaigniers.

« plus l'avantage énorme de n'éprouver aucun des
« accidents de ce dernier, tels que les neiges qui
« brisent les branches et même les pieds, les che-
« nilles qui s'attachant à lui pendant plusieurs années
« dévorent les jeunes pousses, et par là nuisent d'une
« manière irrévocable, pendant toute leur durée, à
« la croissance de l'arbre et le font périr souvent.

« J'ai choisi de préférence, pour mes plantations,
« mes montagnes incultes, couvertes de bruyères et
« de genêts, dont les pentes sont les plus raides, qui
« par leur position ne pouvaient être cultivées sans
« nuire complètement, soit au sol même, soit aux
« terres inférieures , étant continuellement ravagées
« et entraînées par les eaux pluviales. Ces mêmes
« montagnes qui étaient abandonnées et ne comp-
« taient pour rien dans la propriété, sont aujourd'hui
« couvertes de très beaux bois qui donnent les plus
« grandes espérances pour le présent et pour l'avenir,
« changent l'aspect du pays et lui donneront plus
« tard beaucoup d'importance par leurs produits.

« Les reboisements faits par moi jusqu'à ce jour
« sont d'une étendue d'environ 34 ou 35 hecta-
« res, tant en mélèzes qu'en autres essences ; mon
« intention n'est point de m'arrêter à ce qui a été fait,
« mais bien à continuer tous les ans.

« C'est avec l'expérience qu'on arrive ; dans les
« premières années, je perdais à la reprise de 25 à
« 30 0⎪0 et souvent plus ; aujourd'hui, je ne compte
« plus que 4 à 5 0⎪0 de perte. C'est une grande amé-
« lioration ; je l'obtiens en faisant mes plantations

« avant l'hiver au lieu de les faire au printemps ,
« comme l'indiquent les auteurs qui traitent des coni-
« fères, et en n'employant que des plants de **2** ans
« repiqués. Au bout de deux ans, je fais donner un bon
« binage à mes nouvelles plantations, pour détruire
« les plantes parasites et faciliter le travail des raci-
« nes ; une fois ce travail fait, mes arbres font des
« poussées d'un mètre par an. »

La Commission propose de décerner à M. Gabriel de Monterno une médaille d'or, au coin de la Société.

D'autres plantations forestières ont été tentées dans le même canton de Bourg-Argental , mais sur une moindre échelle. La plus considérable est celle de **M. Pierre Lacou ,** au lieu de l'Ogelière, à peu de distance du chef-lieu , qu'on peut citer avec éloge, et dont le succès atteste les soins et l'intelligence de celui qui l'a faite. Cette plantation, dont l'étendue est d'environ six hectares , renferme 8 mille mélèzes et 12,000 épicéas , des cèdres , des pins du Lord , des pins maritimes , ainsi que des semis de chênes, de châtaigniers et d'accacias. Ce sont les mélèzes et les épicéas qui ont le mieux réussi ; les pins maritimes ont fait peu de progrès.

La Commission propose de décerner à M. Lacou une médaille d'argent, au coin de la Société.

La mise en culture et le défrichement de terrains stériles en plaine, ne doivent pas moins être encouragés que le reboisement des montagnes. C'est une véritable conquête que de rendre à l'agriculture un sol qui était auparavant tout-à-fait improductif.

M. Joseph Ollagnier, de Virieu, commune et canton de Pélussin, a acheté au lieu dit du Mas, un petit domaine dont la plus grande partie était inculte et le surplus en très mauvais état. A force de travail, en extirpant le rocher, en établissant des canaux souterrains pour l'écoulement des eaux, il est parvenu à le transformer en un fonds excellent, qui fait l'admiration de tous ceux qui le visitent : Ollagnier est arrivé à ce beau résultat sans aucune ressource pécuniaire ; c'est par un travail persévérant, opiniâtre, et par une conduite irréprochable qu'il est parvenu à élever et entretenir une famille de neuf enfants. Joseph Ollagnier est une preuve à offrir de ce que peuvent le travail et la conduite.

La Commission propose de décerner à Joseph Ollagnier une médaille d'argent et une prime de 100 fr.

M. Gémier père, ancien maître de poste à Saint-Etienne, a acquis dans la commune de Lafouillouse, canton de Saint-Héand, un domaine situé au lieu des Grandes-Granges, qui était dans un état déplorable. Il est parvenu, en peu d'années, par ses soins et son intelligence, à en faire une propriété productive et qui étonne toutes les personnes qui l'avaient vue avant qu'il en devînt propriétaire.

La Commission propose de lui décerner une médaille d'argent.

M. Philip-Thiollière a fait défoncer et remis en valeur une grande étendue de terrains incultes, dans la commune de Saint-Genest-Lerpt, canton de Chambon-Feugerolles.

La Commission propose de lui décerner une médaille d'argent.

Le sieur **Jean-Claude Bourchany**, de la commune de Pélussin, se distingue par son activité, son adresse et son intelligence. Sa propriété, qu'il exploite lui-même, n'est pas étendue ; mais elle peut servir de modèle pour la petite culture, par la propreté des fonds, le bon entretien des bestiaux et la forte proportion de plantes fourragères qu'il cultive.

La Commission propose de lui décerner une médaille de bronze et une prime de 50 fr.

M. Claude Champagnat, propriétaire dans la commune de Saint-Romain-les-Atheux, canton de Saint-Genest-Mallifaux, a défriché et mis en valeur des terrains précédemment incultes, et mérite une médaille de bronze.

M. Jean-Marie Maras, ancien commissionnaire en soie à Saint-Etienne, a pareillement défriché et mis en valeur des terrains auparavant stériles dans la commune de Saint-Genest-Lerpt.

Mention honorable.

Ce ne sont pas seulement des propriétaires qui se sont livrés à l'amélioration de leurs domaines : un grand nombre de fermiers ont compris qu'en augmentant par leur travail la valeur des fonds qui leur sont affermés, ils y avaient un intérêt non moins réel et positif que le maître.

Antoine Béal, dit le *Montagnard*, ancien ouvrier mineur, s'est adonné depuis dix-neuf ans exclusivement à l'agriculture. Le premier domaine qu'il a tenu, dans la commune de Fraisse, canton de Chambon-Feugerolles, lui avait été affermé au prix de 700 fr. pour neuf ans. Il a défoncé une quantité assez notable de terres impropres à toute espèce de culture qu'il a transformées en terres excellentes. Il a, en outre, doublé le rapport des prés et des autres fonds qui étaient en culture, au moment où il était entré dans ce domaine; mais son étendue trop restreinte ne pouvant suffire à son activité, il en a affermé un autre, celui de la Tardive, dans la commune de Firminy, qu'il cultive aujourd'hui.

Trois hectares de terrains tout-à-fait impropres à la culture, et qui sont maintenant en pleine valeur, ont été défoncés, sans le secours du propriétaire, dès les premières années de sa jouissance; les autres terres du domaine et les prés ont eu des produits doubles de ce qu'ils étaient auparavant. Cet homme peut être considéré, sous tous les rapports, comme le modèle des cultivateurs intelligents, économes et honnêtes des environs de Firminy. Il est père de neuf enfants tous aussi laborieux et estimables que lui.

La Commission propose de lui décerner une médaille d'argent et une prime de 100 fr.

Antoine Perrier, fermier de M. le marquis de Harenc, au lieu de Vernard, commune de Burdignes, est le cultivateur du canton de Bourg-Argental dont l'exploitation est dirigée avec le plus de soin, et dont les instruments aratoires et les bestiaux sont le mieux tenus. Son prix de ferme est de 3,500 fr.

La Commission propose de lui décerner une médaille d'argent.

Parmi les autres fermiers qui se sont distingués par l'intelligence et les soins qu'ils ont apportés dans leur culture, et en général par la bonne tenue de leur exploitation, sous le rapport du bétail et des fonds, nous signalerons, dans la commune de Saint-Jean-Bonnefond, canton de Saint-Etienne, **Pierre Faure,** fermier de M. Charles de Rochetaillée, et **Robert Bauzin,** fermier de M. Camille de Rochetaillée ; dans la commune de St-Genest-Lerpt, **Jean Jourjon,** fermier des hospices de Saint-Etienne ; dans la commune de Farnay, canton de Rive-de-Gier, **Jean-Claude Darnon,** fermier des hospices de Saint-Chamond, et dans la commune de Montaud, canton de St-Etienne, le sieur **Giron,** qui s'est fait surtout remarquer par l'introduction dans ses cultures des plantes fourragères.

La Commission propose d'accorder à chacun des cinq fermiers qui viennent d'être nommés une médaille d'argent et une prime de 50 fr.

D'autres fermiers, **Jean Bastide**, dans la commune de Saint-Genest-Lerpt, et **Etienne Simand**, dans la commune de Çaloire, canton de Chambon-Feugerolles; **Jean Grange** et **Brun**, du lieu de Curnieux, commune de Villars, canton de Saint-Héand, ont mérité, par leur zèle à introduire la culture des plantes fourragères, d'être proposés pour recevoir une médaille de bronze et une prime de 25 fr.

La Commission demande une mention honorable pour **Louis Celle**, fermier à Saint-Romain-les-Atheux, canton de Saint-Genest-Mallifaux.

M. **Holtzer**, maire de Chambon-Feugerolles, propriétaire de la belle acierie de la Pauzière, s'est livré à des essais qui ont obtenu les meilleurs résultats, pour l'amélioration de terrains marécageux qui ne produisaient que des herbes bonnes à peine à servir de litière. Par la manière dont il les a traités, et en y semant ensuite diverses graminées, et notamment le ray-grass d'Italie, il est parvenu à récolter d'excellents et d'abondants fourrages. Il a également cultivé avec avantage pour fourrages le maïs, la betterave et la carrotte à collet vert.

La Commission propose de lui décerner une médaille d'argent, au coin de la Société.

Dans le canton de Bourg-Argental, trois propriétaires se sont appliqués à la culture des plantes et racines fourragères, dans un terrain où on ne supposait guères qu'elles pussent réussir, et leurs essais ont été couronnés de succès. Ce sont MM. **Etienne Dumas**, commune de Thélis-la-Combe; **Antoine Morel**, commune de Graix, et **Jean-Marie Rivory**, commune de Colombier.

La Commission propose de leur décerner une médaille de bronze et une prime de 25 fr., ainsi qu'à M. **Vaganey,** qui a parfaitement réussi dans la même culture.

La culture du mûrier et l'éducation des vers à soie n'ont pas pris dans l'arrondissement de St-Etienne le développement qu'on avait lieu d'espérer. Les cantons de Pélussin et de Bourg-Argental sont toujours les seuls qui s'occupent avec succès de cette industrie sur une grande échelle.

Dans le canton de Pélussin, M. **Jean-Joseph Martin,** de Virieux, a, depuis quarante ans, inscrit sur de volumineux cahiers, année par année et avec la plus minutieuse exactitude, toutes les recherches et expériences qu'il a faites sur l'éducation des vers à soie. M. Martin n'est pas pourvu de cette première instruction qui aurait pu le faciliter dans ses travaux, et cependant il est parvenu de lui-même à acquérir des connaissances physiques et chimiques assez étendues, pour se livrer à des recherches qu'on n'aurait cru pouvoir être faites que par des savants :

inventeur d'un hygromètre, d'un compas de proportion, etc., ses expériences ont porté principalement
sur la muscardine et sur l'état d'humidité et le degré
de chaleur qui conviennent le mieux au ver, suivant
la période d'âge où il se trouve. Il serait à désirer que
M. Martin s'occupât lui-même dès-à-présent à dépouil-
ler les notes et les observations qu'il a faites pendant
cette longue période de quarante années, afin de livrer
au public le fruit de son expérience.

La Commission propose de décerner à M. Martin
une médaille d'argent, au coin de la Société, et le
titre de membre correspondant.

Madame **David-Dubouchet** a fait, dès l'année 1838, des plantations de mûriers dans sa propriété
de la Brosse, près Saint-Chamond, qui ont très-
bien réussi et qui font regretter qu'elle ne trouve
pas plus d'imitateurs.

La soie blanche, provenue des vers à soie *sina* est
de la plus belle qualité, et peut rivaliser avec celle
qu'on récolte dans le canton de Bourg-Argental.

La Commission propose de lui décerner une médaille d'argent, au coin de la Société.

M. **Neyron de Saint-Julien**, propriétaire
à Roche-la-Molière, canton de Chambon-Feugerolles,
doit être considéré comme l'introducteur de la culture
du mûrier dans cette commune. Son père avait
fait quelques plantations de cet arbre précieux, dans
les dépendances de son château de Roche; mais c'est

à son fils qu'est due l'idée de le cultiver en grand, dans le but d'élever des vers à soie. Les plantations de M. Neyron ont prospéré.

La Commission propose de lui décerner une médaille d'argent, au coin de la Société.

M. Claude **Découlange**, de St-Haon, arrondissement de Roanne, chargé de la culture des mûriers que M. Vignat a fait planter dans sa propriété de la Perrotière, commune de Saint-Jean-Bonnefond, au territoire de Janon, s'est acquitté de ce soin avec beaucoup d'intelligence. L'éducation des vers à soie, qui lui a été également confiée, a donné de très beaux résultats.

La Commission propose de lui décerner une médaille de bronze et une prime de 25 fr.

Il est rare de trouver dans l'arrondissement de Saint-Etienne des étables et des écuries convenablement disposées pour la santé des bestiaux. La routine préside presque toujours encore à la construction des bâtiments ruraux ; on doit donc savoir bon gré aux propriétaires qui s'appliquent à suivre les principes que la raison indique et que l'expérience justifie, offrant ainsi à leurs voisins des modèles que chacun d'eux peut voir et imiter.

M. le docteur **Escoffier** fait exploiter au lieu de Boiron, commune d'Unieux, canton de Chambon-Feugerolles, une petite métairie dont il a été obligé de faire démolir les bâtiments qui tombaient en ruines, et qui étaient d'ailleurs si malsains et si peu habitables, qu'il n'aurait osé consciencieusement y abriter ses serviteurs, pas plus que ses bestiaux.

Les nouvelles constructions élevées sur les plans qui lui ont été donnés par M. Girard, architecte-voyer de la ville de Saint-Etienne, laissent peu à désirer sous les rapports de l'aérage, de la salubrité, de la commodité et même sous celui de l'élégance. L'écurie est disposée pour recevoir six chevaux, et l'étable peut contenir de huit à dix bêtes à corne. Cette étable est dallée dans son entier, et les urines s'écoulent au-dehors dans une fosse à purin, recouverte.

Les vaches sont étrillées et lavées tous les jours, ce qui contribue à entretenir leur santé, l'abondance et la bonne qualité du laitage. Mais ce n'est pas sans peine qu'on trouve des domestiques auxquels on puisse faire comprendre tous les avantages que ces soins procurent à leurs maîtres.

M. Escoffier a été assez heureux pour rencontrer dans **André Dusauze**, de la commune de Saint-Paul-en-Cornillon, un valet qui exécute avec intelligence les prescriptions qui lui sont faites.

La Commission propose de décerner à M. le docteur Escoffier une médaille d'argent, au coin de la Société.

Au nombre des encouragements dont les associations agricoles sont chargées de faire la distribution, le ministre de l'agriculture rappelle spécialement ceux qui s'appliquent à la moralité des serviteurs ou servantes de ferme , bergers , laboureurs , gardes-champêtres , etc.

Plusieurs serviteurs et servantes ont été désignés à la Commission pour prendre part à ses récompenses ; mais quelles que soient leur intelligence, leur probité et leur bonne conduite, quels que soient l'attachement et le dévouement à leurs maitres dont ils aient fait preuve, il n'est pas au pouvoir de la Société de les faire participer aux récompenses qu'elle est chargée de distribuer, sans s'écarter des termes de son programme. Ces récompenses ne peuvent s'appliquer qu'à des serviteurs qui, en même temps qu'ils sont attachés au service des maitres, sont *plus particulièrement* employés aux travaux de l'exploitation rurale.

La Commission regrette donc de ne pouvoir récompenser des serviteurs tel que **Jean Mayol,** de St-Sauveur-en-Rue, dont M. Roux, qui l'a gardé pendant 50 ans à son service, disait : *Je lui étais attaché comme à un père et j'en ai eu soin comme d'un père ;* paroles touchantes qui honorent également et le maître et le domestique ; ou encore comme **Jacques Granjasse,** de Firminy, depuis plus de 34 ans au service de la famille de M. le comte de Charpin-Feugerolles , qui a fait de lui le plus bel éloge en disant : *un tel homme cesse d'être domestique , il fait partie de la famille.*

Que des serviteurs comme ceux-là et comme Louise **Dervieux ,** de Saint-Sauveur-en-Rue, qui, depuis trois générations, a donné et donne constamment encore des preuves de son zèle et de son dévouement à la famille de M. Colomb de Gast, reçoivent ici le témoignage public des sympathies qu'inspire à la Société une si belle conduite, seule récompense qu'elle puisse leur décerner !...

Antoine Jabouley, maître valet chez M. Montagnier, au lieu de Poyetton, commune de Saint-Jean-Bonnefond, canton Est de Saint-Etienne, est entré à son service en 1835, à l'âge d'environ 21 ans. M. Montagnier, mécontent de son fermier se décida, en 1840, à faire valoir lui-même son domaine, avec l'aide d'Antoine Jabouley, dont il avait reconnu la probité, l'intelligence et l'activité.

C'est aux soins de ce maître valet que M. Montagnier aime à reconnaître que sont dûs en grande partie ses succès.

18 ans de bons et loyaux services dans la même exploitation rurale et une conduite irréprochable pendant tout ce temps, sont les titres d'Antoine Jabouley à une récompense.

La Commission propose de lui décerner une médaille de bronze et une prime de 50 fr.

Magdeleine Viallon, âgée de 44 ans, est née dans la commune de Sorbiers : elle est entrée, en 1832, en qualité de servante de ferme au service de M. Antoine Cholle, propriétaire dans la commune de Château-Neuf, canton de Rive-de-Gier. Cette fille a mérité par sa conduite et par son exactitude à remplir tous ses devoirs, la confiance de ses maîtres.

C'est elle qui, depuis neuf ans que M. Cholle est décédé, dirige l'exploitation du domaine qu'il a laissé, avec une intelligence et une activité qu'on aurait souvent de la peine à rencontrer dans un maître valet.

La Commission propose de décerner à Magdeleine Viallon une médaille de bronze et une prime de 50 francs.

La Commission propose de décerner une prime de 25 fr. au sieur **Etienne Sagnimorte**, garde champêtre de la commune de Saint-Appolinard, canton de Pélussin, pour sa bonne conduite pendant 23 ans qu'il est resté au service de cette commune, et une mention honorable au sieur **Marnat**, garde champêtre de la commune de Saint-Jean-Bonnefond, canton de Saint-Etienne, pour son intelligence, son zèle et sa moralité depuis qu'il est au service de ladite commune.

TABLE ALPHABÉTIQUE

DES RÉCOMPENSES

DÉCERNÉES PAR LA SECTION D'AGRICULTURE.

—

Récapitulation des Récompenses décernées par la Section d'agriculture.

	MÉDAILLES			PRIMES DE			TOTAL.	MENTIONS honorables.
	Or.	Argent.	Bronzes	100 fr.	50 fr.	25 fr.		
Propriétaires.	1	9	6	1	1	4	250 fr.	1
Fermiers.	»	2	9	1	5	4	450	1
Valets ou Servantes. .	»	»	3	»	2	1	125	»
Gardes champêtres. .	»	»	»	»	»	1	25	1
Total. . . .	1	11	18	2	8	10	850	3

ERRATA.

Section industrielle.

Page 62, lignes 28, 29, 30, 31 et 32, *lisez :* pour encourager en même temps l'agriculture et les diverses branches d'industries qui forment tout-à-la fois la gloire et la richesse de Saint-Etienne et de l'arrondissement dont cette ville est le chef-lieu, a été également écouté avec l'attention la plus soutenue.

Page 109, lignes 6, 7, 8, 9 et 10, à l'article sur les canons forgés par MM. Crépet-Beraud et Doron-Jourgeon :

		Poudre.	Balle sphér.	
1re charge, dite d'épreuve ordinre,		22 gr.	1	Résisté sans gonflement.
2e id.,	dite à l'extraordinaire,	28 gr.	2	id. id.
3e id.,	dite surcharge,	40 gr.	3	Premier gonflem. annulé
4e id.,	id.,	50 gr.	4	Autres gonflements. id.
5e id.,	id..	60 gr.	5	id. id. id

Poids de chaque balle sphérique : 29 gr. 5\10e

Page 133, lignes 18 et 19, *lisez :* médaille d'argent grand *module*, au lieu de médaille d'argent grand *modèle*.

Section agricole.

Page 170, lignes 2 et 3, *lisez :* médailles de *bronze*, au lieu de : médailles *d'argent*.

TABLE GÉNÉRALE.

—

— FIN. —

Saint-Etienne, Imp. Théolier aîné·